知識ゼロからの
三国志
入門
立間祥介 著
横山光輝 画
孫権
曹操
劉備
幻冬舎

魏

今も昔も、人を惹きつける『三国志』の魅力

■英雄の詩が、後世の人の心をつかむ

北宋《ほくそう》時代の元豊《げんぽう》5年（1082年）秋、詩人蘇軾《そしょく》は、長江《ちょうこう》に船を浮かべて月見の宴を催し、江岸にそそり立つ赤鼻磯《せきびき》を古の戦場・赤壁《せきへき》に見立てて往事を偲びました。そのときのことをつづったのが、名篇「赤壁の賦《ふ》」。三国時代の英雄曹《そう》操《そう》をたたえた一節が収録されています。

曹操は戦場においても、戦いのないときは息子の曹丕《そうひ》と詩文を論じていたといいます。大政治家であると同時に、詩人でもありました。赤壁の戦い（208年）の前夜にも、長江を埋め尽くした大船団の旗艦上で大宴会を催し、酒を川の流れに注いで戦勝を祈り、敵陣を臨んで朗々と一首の詩を吟じたといいます。

酒《さけ》に対《むか》いて当《まさ》に歌《うた》うべし
人生幾何《じんせいいくばく》ぞ
譬《たと》えば朝露《ちょうろ》の如《ごと》し
去《さ》りにし日《ひ》　苦《はなは》だ多《おお》し

酒を前にしたからには大いに飲み、大いに歌おうではないか。人の一生など、たとえていえば草の葉先に宿る朝露のようなはかないもの。そして過ぎてしまっ

蜀

慨《がい》して当《まさ》に以《もっ》て慷《こう》すべし
憂思《ゆうし》忘《わす》れ難《がた》し
何《なに》を以《もっ》てか憂《うれ》いを解《と》かん
唯《た》だ杜康《とこう》有《あ》るのみ

た日々のなんと多いことか。

残りの命を思えば心暗くなるばかり、ああ、この憂い、まぎらすものはただ杜康（酒）だ。

「短歌行《たんかこう》」と呼ばれるこの詩は、ついで同志を求める切なる願いを叙《の》べて、次のように結ばれます。

月明《つきあき》らかに星稀《ほしまれ》にして
烏鵲《うじゃく》南《みなみ》に飛《と》ぶ
樹《き》を繞《めぐ》ること三匝《さんそう》
何《いず》れの枝《えだ》にか依《よ》るべき
山《やま》は高《たか》きを厭《いと》わず
海《うみ》は深《ふか》きを厭《いと》わず
周公《しゅうこう》　哺《ほ》を吐《は》きて
天下《てんか》　心《こころ》を帰《き》せり

月明かりのもとカササギが南へ飛び停まる枝を求めて木の周りをめぐっている。みんなわたしのところへ来い。来客と聞けば食事の途中でも飛んで迎えに出た周公（周建国の功臣）のように、わたしはみなを待ち望んでいるのだ。

これは天下分け目の合戦をひかえて高揚した気分で詠《うた》った詩とは思えません。

呉

曹操《そうそう》は赤壁《せきへき》の戦いの2年後、人材を求める「求賢令《きゅうけんれい》」を発布しています。おそらくこの頃に作られたものでしょう。ただ赤壁の戦いから約800年後の蘇軾《そしょく》の時代には、曹操が船上で詩を作ったという説話が広まっていたのだと考えられます。

蘇軾はまた、『東坡志林《とうばしりん》』という読書ノートに、「町の子供は、辻講釈を聞き、劉備《りゅうび》が負けると涙を流し、曹操が負けると快哉を叫ぶ」と書き残しています。劉備を善玉、曹操を悪玉とする『三国志』物語がこの頃すでにできていたのです。

■さまざまな解釈がおもしろい

そもそも、『三国志』は、晋《しん》の時代（3世紀後半）に書かれた正史『三国志』に始まります。それから約千年後に羅貫中が歴史小説『三国志演義』を書きました。『三国志』はいつの時代も多くの人に愛され、現代では多彩な解釈の作品が生まれています。

本書は、正史『三国志』や『三国志演義』をベースに、当時のさまざまなエピソードを紹介しています。横山光輝氏の『三国志』の画を愉しみながら、『三国志』の世界をとくとご覧ください。

立間祥介

曹操

SŌSŌ

あふれる才能と圧倒的な支配力で天下獲りに突き進む

三国志を語るうえで、一番の実力者として名が挙がるのが、この曹操《そうそう》だ。配下には**夏侯惇**《かこうとん》、**張遼**《ちょうりょう》、**荀彧**《じゅんいく》、**司馬懿**《しばい》など、才能にすぐれた人物を多くしたがえていたが、**曹操**自身の能力もまた、ずば抜けていた。

生涯での戦争勝率は8割といわれる天才的な軍略家であり、屯田《とんでん》制などの斬新な政策に見られる内政手腕も見事だった。

一代で「魏《ぎ》」の礎《いしずえ》を築き、文武の

「ただ才のみ」
才能さえあれば
それでよいのだ
家柄や人柄などより
実力を優先して
人材を集めよ

「今、天下に英雄といえば、君（劉備《りゅうび》）と私だ」

劉備にもちかけた英雄論で、自分たちを高く評価した。

詳しい人物伝はP134へ

両面に類《たぐい》まれな才能を見せた**曹操**を、『三国志』の著者は「非常の人、超世の傑」と評している。

GI
魏

中国大陸の北半分を制し、最強の国力を誇る

三国で、もっとも強大な勢力をもつ「魏」。長安《ちょうあん》や洛陽《らくよう》など豊かな都市を含む中国の中心部（「中原《ちゅうげん》」という）を支配していた。他の国よりもはるかに優位であった。

曹操&魏を知るポイント
時代の強者だからこそ、悪玉に描かれたり、英雄に描かれたりする。その強さに注目したい。

みなの者
よく聞け
わしが
敗れた理由は
わかっている

「再び敗れはしない」

息子や部下を犠牲にして、負け戦から逃げ延びたときの言葉。

「非常の人、超世の傑」

時代を超えた傑物と評された。

よし
かかれ
曹
曹

世の人々のために立ち上がりたい

大義のために小さな感情は捨ててください

「漢の景帝《けいてい》の子、中山《ちゅうざん》靖王《せいおう》劉勝《りゅうしょう》の末裔《まつえい》」

劉備は、漢王室の末裔とされる。

劉備&蜀を知るポイント

地盤も金もない男が、諸葛亮など才能あふれる仲間と国を興す。その成長ぶりがおもしろい。

劉備
RYŪBI

〝漢《かん》王室の再興〟をかかげて、貧しい生活から皇帝へと上りつめる

劉備《りゅうび》は、**関羽《かんう》**、**張飛《ちょうひ》**、**趙雲《ちょううん》**らの豪傑と、軍師の**諸葛亮《しょかつりょう》**をしたがえて、三国の一角「蜀《しょく》」を得る。

長年にわたり、みずからの根拠地をもたず、放浪を続け、戦乱の世をしぶとく生き抜いた。

曹操《そうそう》や**孫権《そんけん》**に比べ、資金も兵力も少なく、圧倒的不利な状況から、一国の皇帝にまでなった一生は、『三国志』のサクセスストーリーだ。

若い頃から天下の豪傑と好んで交

いや、
わたしには
できない

「大事をなすには必ず人をもって本となす」

人民を置き去りにしたり、相手を裏切る策をなかなか採用しない。

「人傑」

人柄に惹かれ、多くの人材が集まった。

さすが
劉備様だ
劉備様ー
蜀

詳しい人物伝は
P150へ

わり、喜怒を顔にあらわさない。**曹操**のような図抜けた才能があったというより、英雄にふさわしい風格を備えていた。

天然の要害に守られる

大陸の南西に位置するのが、「蜀」(蜀漢《しょくかん》ともいう)。山岳地帯のために守りやすいが、同時に外へも攻めにくい。人口や肥沃な地が少なく、三国で一番の弱小国。

SHOKU
蜀

孫権

SONKEN

曹操《そう そう》、劉備《りゅうび》に対抗する第三勢力の主。父と兄の跡を継いで立つ

勇猛を誇った父**孫堅**《そんけん》、数年で広大な領地を得た兄**孫策**《そんさく》があいついで亡くなり、19歳で**孫**家の当主となる。**曹操**や**劉備**よりだいぶ若く、彼らよりも長く生きた。

大国の魏《ぎ》、新興国の蜀《しょく》を相手に、中立を保ちつつも、同盟を求められると応じ、ときに反故《ほご》にして争うなど、外交面で臨機応変に立ちまわり、国の安泰を図った。

呉《ご》は、早くから国としての形は整

漢《かん》王朝の使者らは、孫権《そんけん》をこう評した。

「高貴の相」
国王になったとき孫権は19歳であった

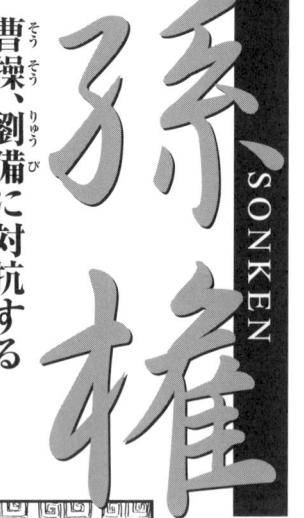

っていたが、皇帝を名乗り、正式に建国されたのは三国のなかで一番遅い229年。滅亡したのも最後の280年だった。

GO 呉

水運が発達した豊かな国だった

中央から見て、江東《こうとう》、江南《こうなん》と呼ばれる長江《ちょうこう》流域を拠点とした。「呉」は、川や湿地が多く、天然の要害でもあった。水上戦が得意。

詳しい人物伝はP166へ

わかった
もう一度
考えてみよう

敵ながら、孫権（孫仲謀《ちゅうぼう》）の戦ぶりに感心した曹操の言葉。

「子を生まばまさに孫仲謀のごとくなるべし」

「人を使い、江東の地を守る術は、お前に及ばない」

孫策が死ぬ間際、国王の印を孫権に授けてこういった。

孫権&呉を知るポイント

魏と蜀の間で、また多くの群臣たちの間に入り、若き孫権がどう国を築くか見守りたい。

今日こそ
勝負をつける
呉
呉

年表で見る三国志

100年の「戦国時代」を英雄たちが駆け抜ける

後漢の終わりから激動の時代が始まる

『三国志』の舞台は、紀元2世紀末から3世紀半ばまでの、およそ100年足らず。4千年にもおよぶ中国史のなかの、ごくごく一部だ。

しかも、魏《ぎ》、蜀《しょく》、呉《ご》の3つの国が実際に成立していた期間(三国時代)はさらに短く、60年ほどしかない。

他の期間はといえば、群雄同士が互いに争い、領地のうばい合いをしていた。日本でいう戦国時代のような状況。そこから勝ち上がり、興ったのが、魏、蜀、呉の三国だった。

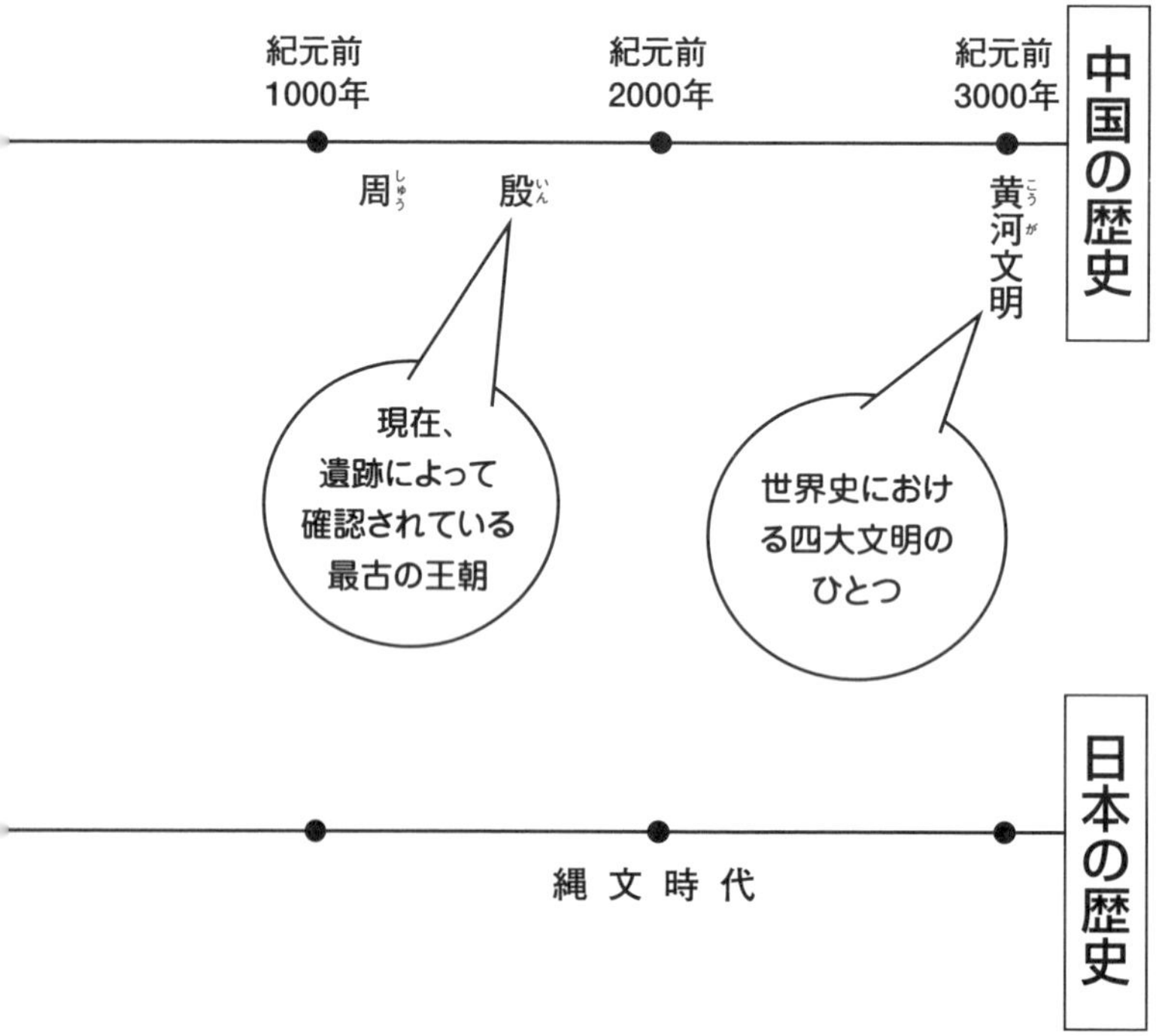
中国の歴史
紀元前3000年
紀元前2000年
紀元前1000年
黄河文明《こうが》
殷《いん》
周《しゅう》
世界史における四大文明のひとつ
現在、遺跡によって確認されている最古の王朝
日本の歴史
縄文時代

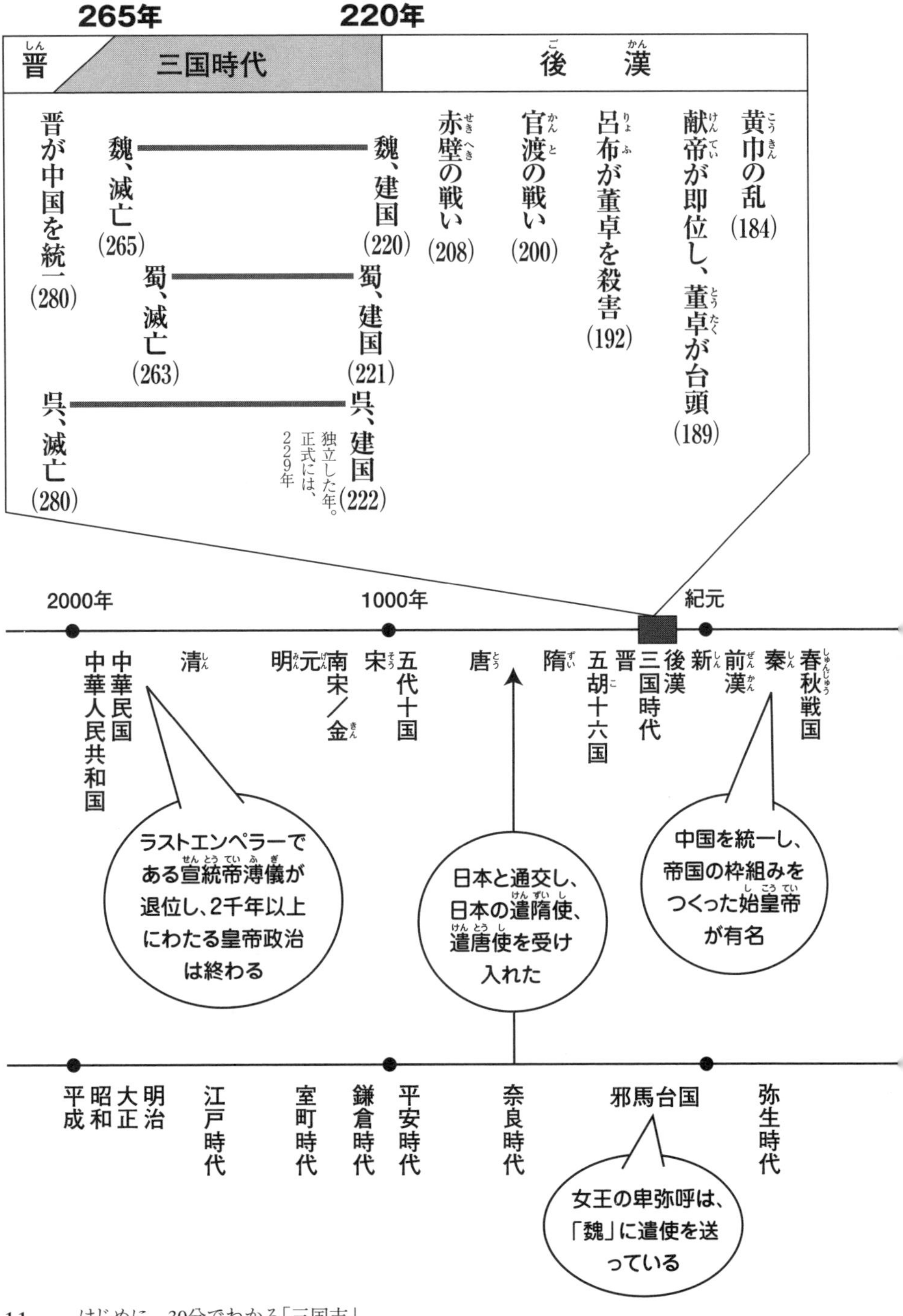
265年
220年
晋《しん》
三国時代
後《ご》　漢《かん》
黄巾《こうきん》の乱(184)
献帝《けんてい》が即位し、董卓《とうたく》が台頭(189)
呂布《りょふ》が董卓を殺害(192)
官渡《かんと》の戦い(200)
赤壁《せきへき》の戦い(208)
魏、建国(220)
蜀、建国(221)
呉、建国(222)
独立した年。正式には、229年
魏、滅亡(265)
蜀、滅亡(263)
呉、滅亡(280)
晋が中国を統一(280)
2000年
1000年
紀元
春秋《しゅんじゅう》戦国
秦《しん》
前漢《ぜんかん》
新《しん》
後漢
三国時代
晋
五胡《こ》十六国
隋《ずい》
唐《とう》
五代十国
宋《そう》
南宋／金《きん》
元《げん》
明《みん》
清《しん》
中華民国
中華人民共和国
中国を統一し、帝国の枠組みをつくった始皇帝《しこうてい》が有名
日本と通交し、日本の遣隋使《けんずいし》、遣唐使《けんとうし》を受け入れた
ラストエンペラーである宣統帝溥儀《せんとうていふぎ》が退位し、2千年以上にわたる皇帝政治は終わる
弥生時代
邪馬台国
奈良時代
平安時代
鎌倉時代
室町時代
江戸時代
明治
大正
昭和
平成
女王の卑弥呼は、「魏」に遣使を送っている

3つの勢力が覇権を争う。本当は、三分割ではない!?

州の名前
主な地名
建業《けんぎょう》

三勢力以外にも群雄がたくさん
190年代はじめ
公孫瓚《こうそんさん》
黄河《こうが》
袁紹《えんしょう》
孔融《こうゆう》
韓遂《かんすい》など
董卓《とうたく》
陶謙《とうけん》
長江《ちょうこう》
袁術《えんじゅつ》
劉表《りゅうひょう》
劉焉《りゅうえん》

曹操《そうそう》、劉備《りゅうび》、孫権《そんけん》の三者が勝ち上がるまで、各地には数多くのライバルがいた。三国が興るまでの戦いが『三国志』の前半に描かれている。

勢力争いの基本は陣取りにある

後漢《ごかん》～三国時代の中国は、「州《しゅう》」という、おおむね13の行政区分に分かれていた（州のなかに郡《ぐん》、さらに県《けん》が細分化されて置かれた）。ひとつの州が日本の本州並みに広かったりするが、群雄たちはこれをめぐり、領地争いを繰り広げた。

とくに劉備《りゅうび》は、前半生は負け通しで拠点をもてなかったため、幽《ゆう》州から益《えき》州、北から南へと駆け続けている。地図を参照し、中国大陸のスケールを実感しながら読みたい。

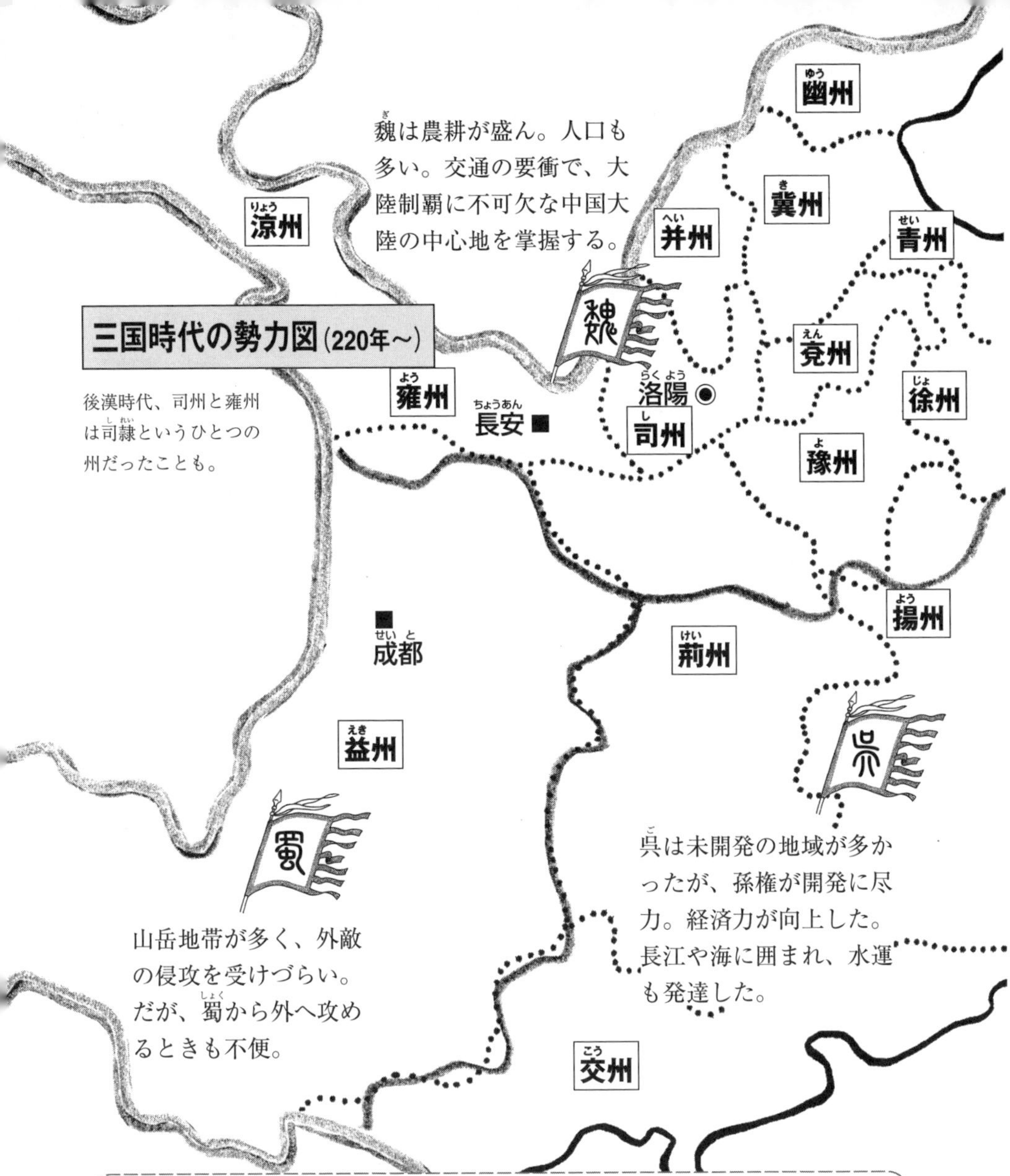

本当のパワーバランスは？

最弱の蜀が１州に対し、最強の魏は10州（さらに荊州と揚州の一部）を所有。魏、蜀、呉の間には、人口や経済力に大きな差があった。

歴史書とフィクション。多彩な解釈がおもしろい

正史《せいし》『三国志《さんごくし》』

‖

三国の次の王朝が認めた正式な歴史書

著者　陳寿《ちんじゅ》

成立　3世紀後半（晋《しん》王朝の時代）

全65巻
（魏《ぎ》書30巻
呉《ご》書20巻
蜀《しょく》書15巻）

列伝スタイルの記録
時系列ではなく、人物ごとに伝をまとめた「紀伝体《きでんたい》」という記録法。一人ひとりの事跡がよくわかる。

蜀および晋王朝に仕えた陳寿が書いた。当時から名著と評判が高く、陳寿の死後「正史」に認定された。

↓

約150年後に「注」が追加される

簡潔すぎる原文に、裴松之《はいしょうし》（南北《なんぼく》朝《ちょう》時代の宋《そう》の歴史家）が注釈を追加。当時多数存在していた同時代の資料を引用し、意見を加えることで、読み応えが増した。

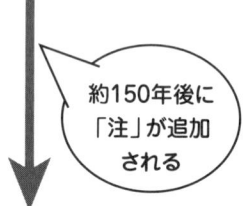

『三国志演義《さんごくしえんぎ》』

民話や講談で、
話がどんどん
脚色された

‖

千年後の作家が書いた歴史小説

史実7割、フィクション3割といわれる。

著者　羅貫中《らかんちゅう》

刊行　14世紀末（明《みん》王朝の時代）

荒唐無稽な話
は入れない

適当なフィクシ
ョンを追加

『三国志』（正史）をもとにした歴史小説。千年の間に広まった講談や雑劇、伝承などを取り込み、作者自身による創作も加えて書かれた。歴史の流れはそのままに、民間で人気のあった蜀の人物（劉備《りゅうび》ら）が善玉に描かれている。

日本で数多くの『三国志演義』が誕生

小説

『通俗三国志』等をもとにした小説が、江戸時代から民間に広まる。昭和に入り、吉川英治の小説『三国志』がブームに火をつけた。

漫画、アニメ、ゲーム……

NHKで放送された『人形劇三国志』は初の映像作品として人気に。漫画やアニメ、テレビゲームも生まれた。

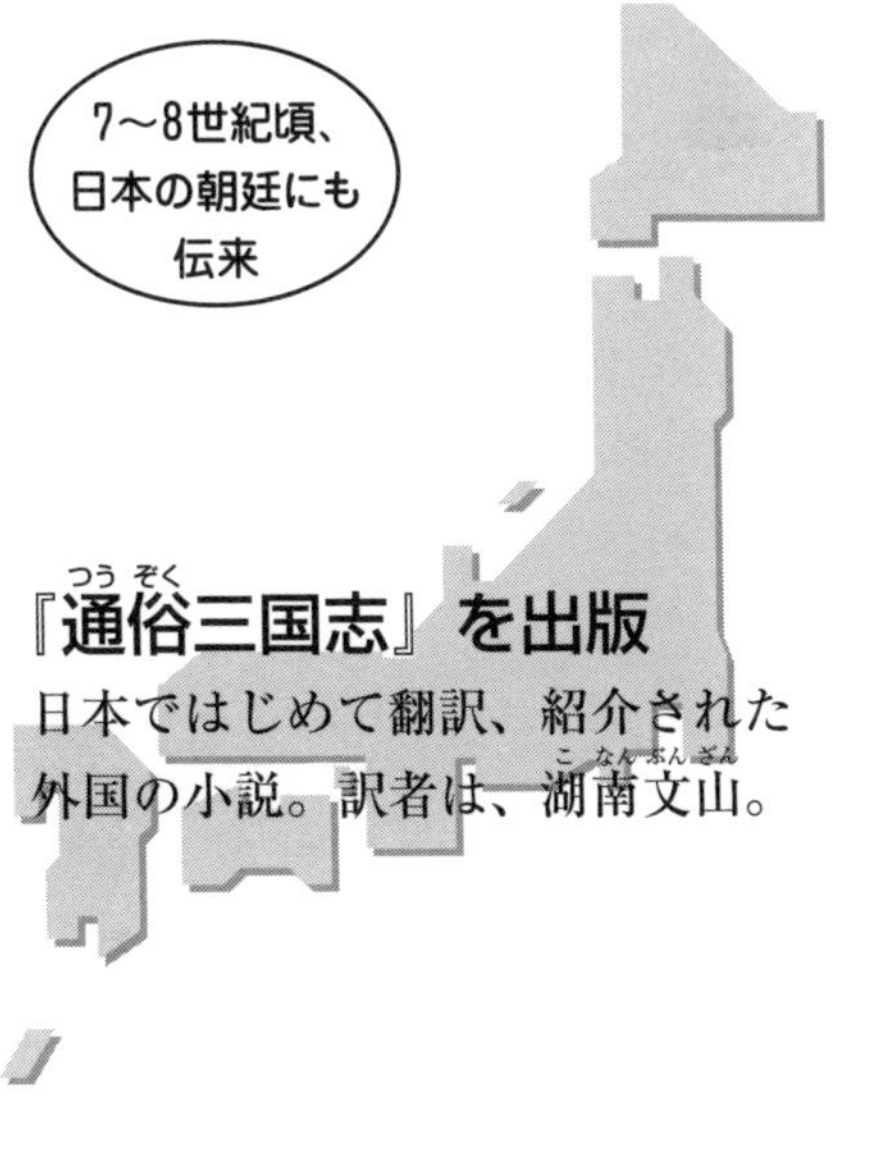

7〜8世紀頃、
日本の朝廷にも
伝来

『通俗《つうぞく》三国志』を出版

日本ではじめて翻訳、紹介された外国の小説。訳者は、湖南文山《こなんぶんざん》。

はじめに　30分でわかる「三国志」

第一部　国が乱れる

第二部　最強は誰だ

第三部 三国は統一へ

第四部　人物伝

蜀

呉

その他

※各人物の年齢は、正史にならい、かぞえ年で表記しています。
※地図上の勢力範囲や国境、移動を示す矢印等は、編集部の推定によるものです。

第一部

国が乱れる

ひとつの時代が
終わりへと向かうなかで
英傑たちが天下に名乗りをあげる
戦乱の時代が幕を開けた

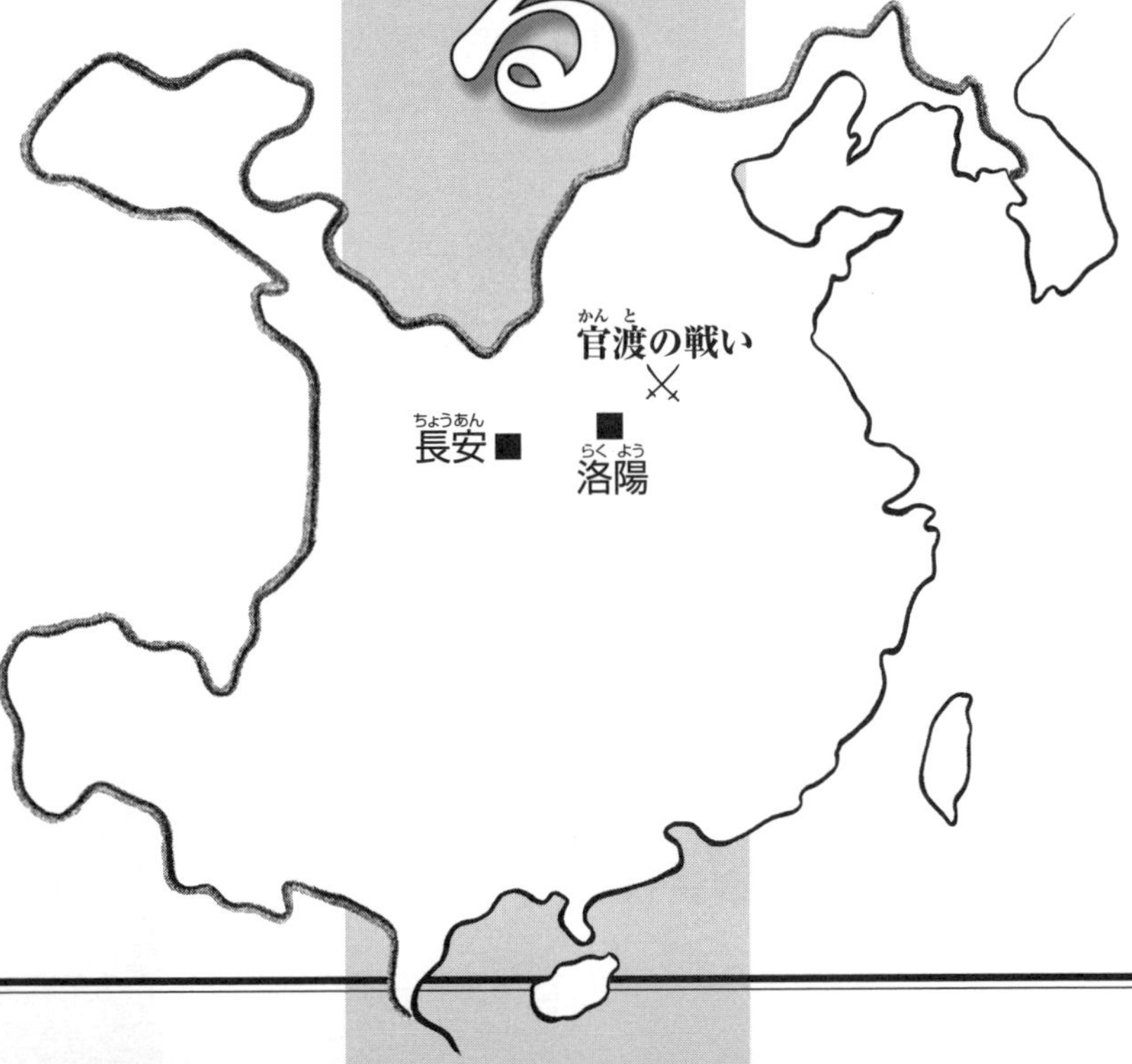

2世紀末～200年

漢王朝が崩壊へ、豪傑たちが立ち上がる

あらすじ

三国時代より前、「後漢《ごかん》」という国があった。それが崩壊を迎えるところから、『三国志』は始まる。

政治の腐敗を受け、民衆が起こした「黄巾《こうきん》の乱」は、中国全土に広がり、国中が大混乱に陥った。

乱の鎮圧のため、後漢《ごかん》王朝の旗のもとに決起したのが、**曹操**《そうそう》、**孫堅**《そんけん》、**劉備**《りゅうび》らの群雄たち。手柄を立てた群雄は徐々に力をつけ、それぞれの拠点で、次々と天下に名乗りをあげる。

何十、何百もの群雄のなかから勝ち上がるのは誰か？

登場人物相関図

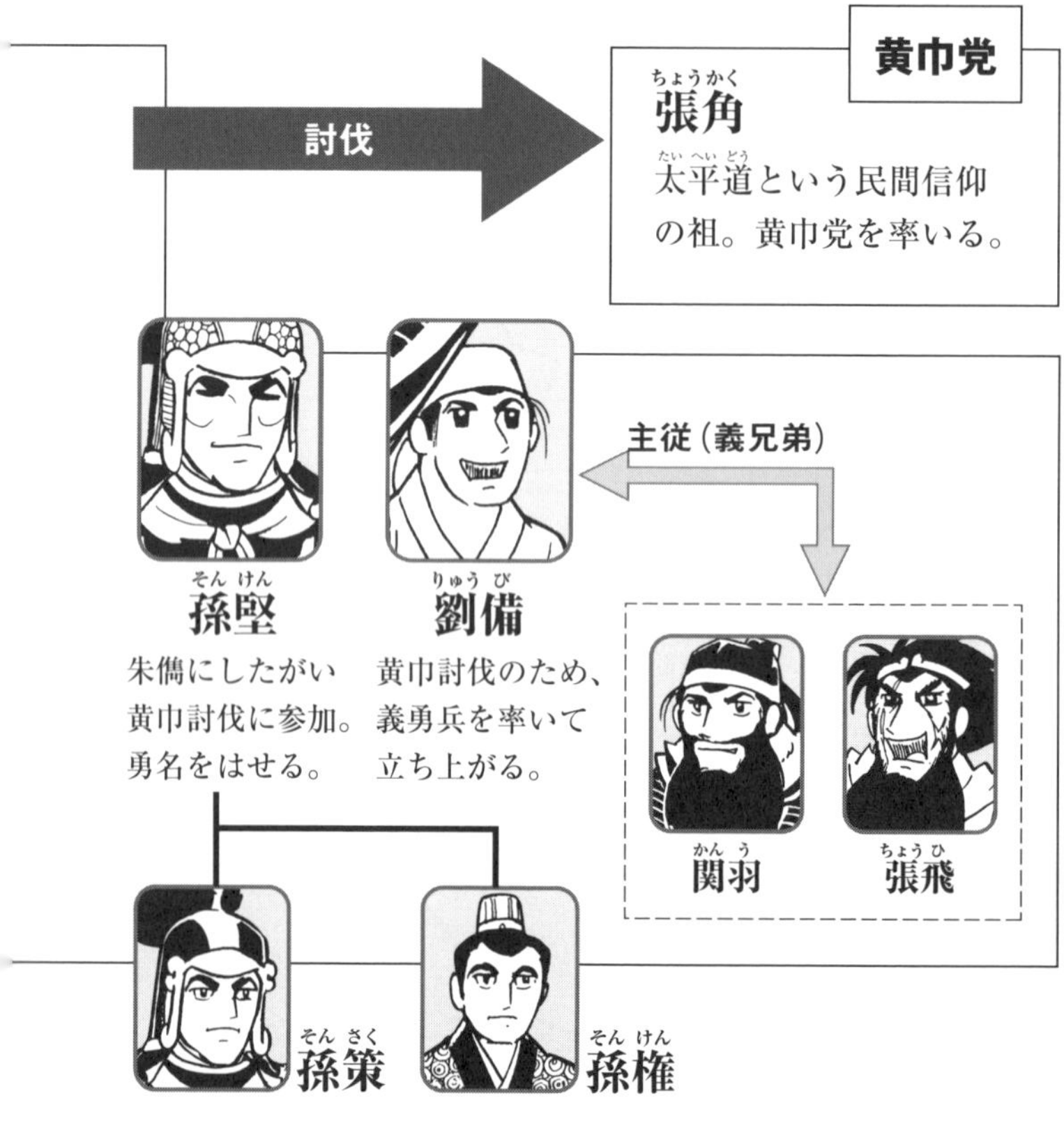

黄巾党
張角《ちょうかく》
太平道《たいへいどう》という民間信仰の祖。黄巾党を率いる。
討伐
主従（義兄弟）
孫堅《そんけん》
朱儁にしたがい黄巾討伐に参加。勇名をはせる。
劉備《りゅうび》
黄巾討伐のため、義勇兵を率いて立ち上がる。
関羽《かんう》
張飛《ちょうひ》
孫策《そんさく》
孫権《そんけん》

三国志の舞台となる戦乱の時代が幕を開ける。

三国志年表

- 184年　黄巾の乱が起こる
- 189年　霊帝《れいてい》が病没。献帝《けんてい》が即位
- 190年　都が洛陽《らくよう》から長安《ちょうあん》へ
- 192年　権力者の董卓《とうたく》が暗殺される
- 196年　曹操が献帝を迎え入れる
- 197年　袁術《えんじゅつ》が帝を僭称する
- 198年　呂布《りょふ》が処刑される
- 200年　官渡《かんと》の戦い

続きはP56へ

朝廷

↓ 討伐命令

黄巾討伐軍

大将軍　**何進《かしん》**

将軍　**皇甫嵩《こうほすう》　朱儁《しゅしゅん》　盧植《ろしょく》**

董卓《とうたく》

西方の豪族。やがて朝廷に乗り込み、権力者に。

↓ 養子

呂布《りょふ》　勇猛さを買われ、董卓のボディガードになる。

袁紹《えんしょう》

名門出身のエリート。曹操のライバル。

袁術《えんじゅつ》

袁紹のいとこ。野心が強く、のちに皇帝を自称。

曹操《そうそう》

討伐軍指揮官のひとり。急激に力を伸ばす。

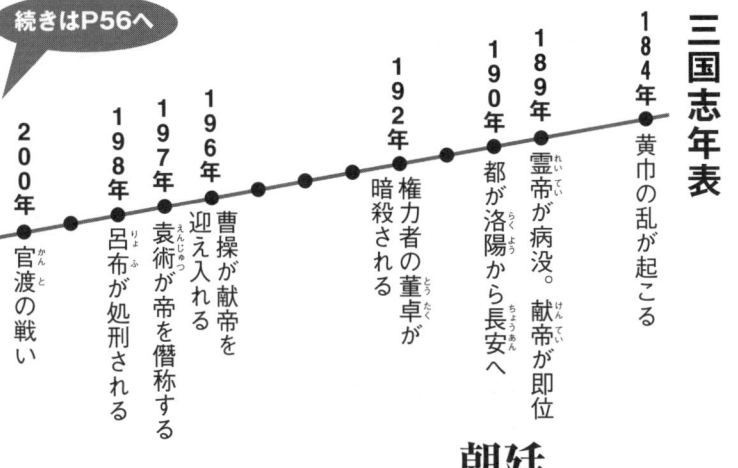

漢王朝の衰退

2世紀末

政治が乱れ、権力争いが激しくなる

三国志の舞台となった当時の中国は、国号を「漢《かん》」といった。紀元前202年に始まった漢は、一旦は滅亡するが「後漢《ごかん》」として再興。「前《ぜん》漢《かん》」と合わせて400年もの歴史を誇った。

しかし後漢も末期に入ると、中央政府は力を失い、財力をたくわえた地方豪族が台頭。豪族らは一族を都に送り、官僚として強い力をもつ。一方、宮廷を牛耳っていたのは宦官《かんがん》や外戚《がいせき》。両者は権力をめぐって激しく対立する。

彼らは皇帝をも自分たちの権力争いに利用した。そのため民衆は捨て

清流《せいりゅう》派と濁流《だくりゅう》派が争う

朝廷内では、皇帝を支える立場にある3つの勢力が、権力闘争を繰り広げた。

官僚

権力をふるい、私腹をこやす

地方豪族の子弟が中央に進出。学問や徳行を積み、正規ルートで官僚となった人物が多く、自分たちを「清流」とし、宦官《かんがん》や外戚《がいせき》を「濁流」と呼んで批判する。

清流派

正しいとはかぎらない

政務を執るよりも濁流派叩きに重きを置く者が増え、清流だから正しいともいえない。

皇帝

若すぎる皇帝が続き、官僚や宦官の操り人形と化していた。とくに贅沢《ぜいたく》を好んだ霊帝《れいてい》（在位168〜189年）は、官職を金で売り、財力のある宦官や官僚を増長させる要因をつくった。

宦官

皇帝の信頼を盾に権力の座へ

皇帝の側近くに仕えた去勢し（され）た男性。後宮に出入りするなど、力を得やすい地位におり、多くの宦官が自己の利権を追求した。外戚とともに「濁流」と呼ばれ、強い批判を受けた。

ここも激しく対立

濁流派 ← 対立

外戚

強力なコネで成り上がる

皇帝の母親や妃と、その一族。一族になれば発言力が強まるため、官僚たちは一族の娘を送り込み、外戚となって「幼い皇帝を補佐する」という名目のもと、政治を動かした。

置かれ、世は混乱をきわめていく。

三国志の「前夜」は、このような情勢だった。

三国志note

漢字は「漢」王朝生まれ

小説『項羽《こうう》と劉邦《りゅうほう》』（司馬遼太郎）で有名な、劉邦という人物が興した「漢」は、中国史上で最長の歴史を誇る王朝。

この時代に大きな発展を遂げた中国の人々は、みずからを「漢民族」と称した。

また、使用する文字や文章を「漢字」「漢文」とし、のちの歴史や日本をはじめとする周辺の国々に強い影響を与えた。

「漢」は男子をあらわす語としても使用され、熱血漢の「漢」もこれに由来する。

黄巾の乱

184年

疲弊した民衆が反乱を起こす

民衆は「太平道《たいへいどう》」に救いを求める

教主
張角《ちょうかく》
貧乏人　富豪
女　武芸者……
いろいろな人間が
張角《ちょうかく》の弟子に
なりたいと
集まってきた

罪を告白させ、護符を沈めた「符《ふ》水《すい》」を与えることで、病気を治したとされる。救いを求める民衆に、一気に広まった。

権力抗争に明け暮れる朝廷に対し、農民は重税や飢饉《ききん》、豪族らの略奪により貧困にあえいでいた。やがて疲弊して、盗賊へと転じる者も増えていく。

こうしたなか、「太平道《たいへいどう》」という新興の教団があらわれる。**張角《ちょうかく》**を教祖としたこの組織は、10年の間に数十万人の信者を集め、急速にふくれ上がった。

腐敗した朝廷は何もしてくれない。それならば、「豊かに住める新しい世界を切り開こう」とする太平道の行ないに多数の民衆が賛同し、武装蜂起につながっていった。

教主・張角のもと、黄巾党《こうきん》が蜂起する

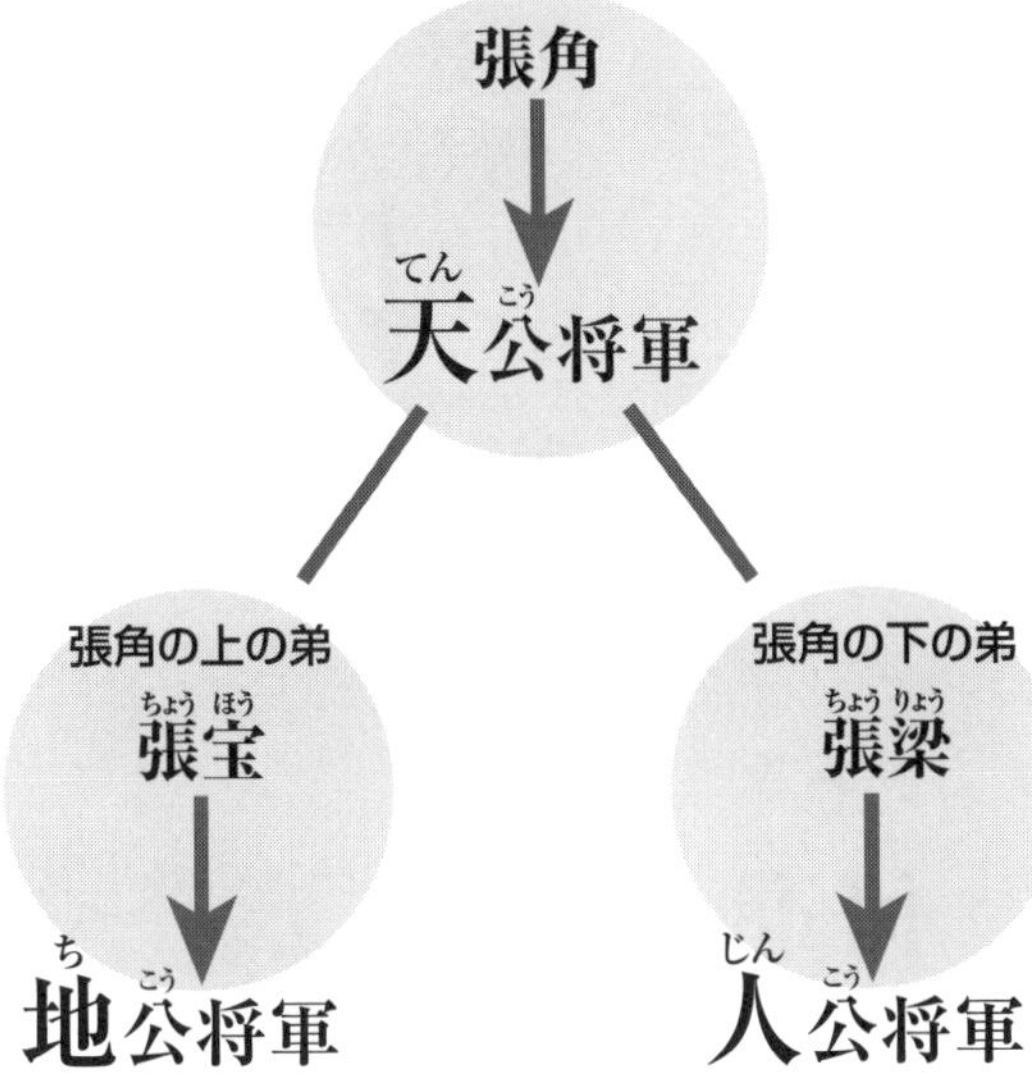

184年2月、張角や弟子たちは各地で武装蜂起。黄色い布を髪にゆわえたので、黄巾党と呼ばれた。乱を起こすと、左のように名乗った。それぞれの「天・地・人」は中国の古代思想による3つの才で、「宇宙・大地・生命」を意味する。

黄巾党のスローガン

「蒼天《そうてん》すでに死す　黄天《こうてん》まさに立つべし
（蒼天――後漢《ごかん》王朝）（黄天――黄巾党による王朝）
歳は甲子《かっし》にありて　天下大吉」

滅びゆく後漢王朝に代わって、太平道による王朝が天下を治めるという意味。

184年は干支《えと》では甲子《きのえね》にあたる

mini **人物伝**　**張角**　ちょうかく

字《あざな》／?

生没年／?～184年

反乱を指揮した「太平道」のリーダー

「太平道」の教祖。

　みずから大賢良師、天公将軍と称し、人々の病を治すなどして民衆の心をつかみ、信者を集めた。184年、乱の最中に病死。

『三国志演義』では、山中で仙人に出会い、風雨を呼び起こし、病を治す術を教わったとされる。

　一方、朝廷はこの事態にあわてふためく。宦官《かんがん》との抗争によって追放されていた優秀な官僚である**盧植**《ろしょく》、**皇甫嵩**《こうほすう》、**朱儁**《しゅしゅん》の3名を将軍として呼び戻し、乱鎮圧のため討伐軍を組織するのである。

朝廷による討伐軍が乱を鎮圧

中国全土で蜂起した黄巾《こうきん》党は、役所や町、村などを襲撃して猛威をふるう。だが、討伐軍が組織だった反撃に転ずると、黄巾党は敗退を重ねる。さらに教祖・張角《ちょうかく》が病死し、乱はひとまず収束した。しかし、太平道《たいへいどう》の残党は各地に残り、その後も長きにわたって反乱を続けた。

朝廷による呼びかけ

↓

討伐軍を結成

大将軍

何進《かしん》

妹が皇太后となったために出世し、大将軍となる。

3人の将軍

盧植《ろしょく》

朝廷に呼び戻されたが、宦官《かんがん》とのいさかいが原因で罷免される。

↓

盧植の後任

董卓《とうたく》

罷免された盧植に代わって任命される。

皇甫嵩《こうほすう》

朝廷に呼び戻され、司令官になる。名将といわれた大活躍。

朱儁《しゅしゅん》

朝廷に呼び戻され、司令官になる。孫堅と協力して討伐にあたる。

地方の太守や義勇軍

劉備《りゅうび》

20代前半で、義勇軍として参加。乱が収束すると地方役人に任命されるが、職を捨て逃亡。

曹操《そうそう》

20代後半で、指揮官として参加。苦戦していた皇甫嵩を救出するなど、活躍した。

孫堅《そんけん》

20代後半。朱儁にしたがって討伐軍に参加。千人ほどの部隊を編成して奮戦する。

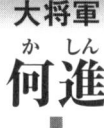

「三国志演義」の名シーン

桃園《とうえん》の誓い

民を救い
天下を平定
するため
力を合わせ
ましょう
さぁ
兄弟の契りを
結びましょうぜ

我ら天に誓う
我ら生まれた
日は違えども
死す時は
同じ日同じ時を
願わん

劉備軍の3人が義兄弟の盃《さかずき》を交わす

世の乱れを憂えた劉備は、関羽《かんう》、張飛《ちょうひ》らと義勇軍を結成し、乱の鎮圧に参加した。決起の際に意気投合した3人は、張飛の屋敷裏の桃園で宴会を開き、生死をともにすると誓い合った。

三国志note

劉備のパトロンは馬商人

劉備は官位も財力もなく、わずかな私兵をもつ遊侠の徒、いわば「やくざの親分」のような身分に過ぎなかった。挙兵に必要な武器や馬、部下に与える金も十分にはない。通りすがりの馬商人・張世平《ちょうせいへい》と蘇双《そそう》に資金を援助してもらい、旗上げできたという。

縁もない彼らが、なぜ気前よく援助したのか。『演義』は、劉備や関羽の人柄、志の高さに商人らが感心したから、という描き方をし、『正史』にも劉備と会った商人らが「これは傑物だ」と考え、金品を与えたとある。劉備が関羽、張飛をはじめ、大勢の人に将来を見込まれたのは事実のようだ。

董卓の暴走
189年

混乱する都に怪物董卓が乗り込む

皇帝が亡くなり、跡目争いへ

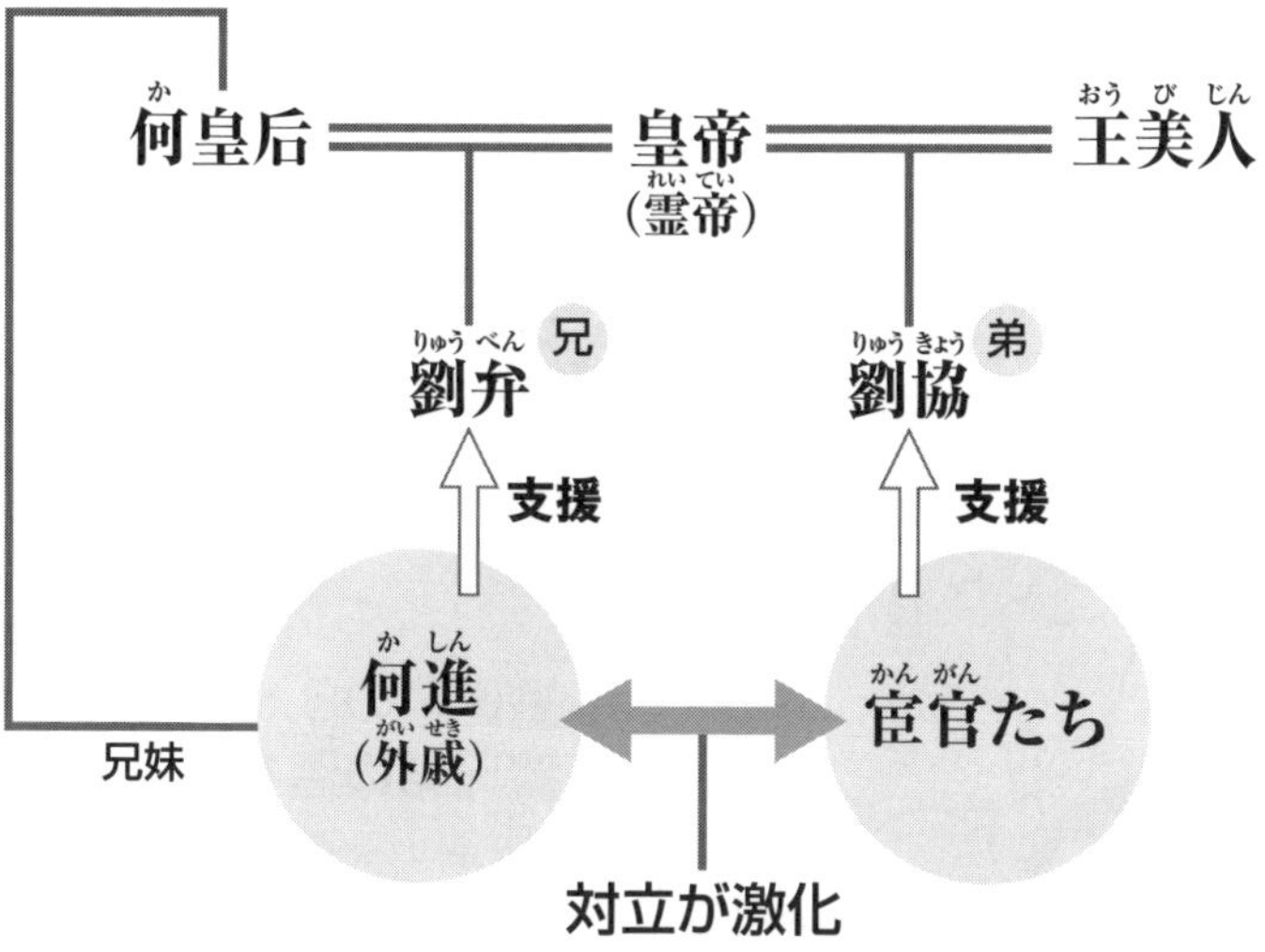

何《か》皇后
皇帝
(霊帝《れいてい》)
王美人《おうびじん》
兄
劉弁《りゅうべん》
弟
劉協《りゅうきょう》
支援
支援
何進《かしん》
(外戚《がいせき》)
宦官《かんがん》たち
兄妹
対立が激化

宮廷内で争う宦官と外戚が、後継者ふたりをそれぞれ支援。一時は何進が劉弁を皇帝に即位させるが、争いは収まらず、ついに宦官、外戚ともに命を落とす。

権力の座に空白が生まれる

mini 人物伝 **何進** かしん

何

字《あざな》／遂高《すいこう》
生没年／?〜189年

肉屋から最高司令官へ大出世

肉屋を営む家に生まれる。妹が宮中に入り、皇帝に見初められて皇后になったことから官僚となって出世を重ねた。

やがて大将軍として「黄巾《こうきん》の乱」の鎮圧を指揮。その後は、敵対する宦官の殺害を試みるが、逆に宦官らに謀殺された。

「外戚」の代表的な人物。

董卓が都に入り、権力を握る

政治力

皇帝を廃し、幼い弟の劉協（献帝《けんてい》）を強引に擁立し、傀儡《かいらい》とすることで、権力を独占。これにより董卓は諸侯の反感を買った。

軍事力

董卓は、何進の軍に加え、無双の豪傑である呂布《りょふ》とその軍を味方にする。呂布をボディガードとし、親子の契りを結んで重用した。

「黄巾《こうきん》の乱」はひとまず鎮圧されたが、その残党が各地で騒ぎを起こし、都では権力争い、悪政が続いた。

そんななか、皇帝である**霊帝**《れいてい》が没する。甥の**劉弁**を帝に擁立し大将軍となった**何進**《かしん》は宦官《かんがん》を一掃しようとするが、逆に宦官らに討たれてしまう。**何進**の部下であった**袁紹**《えんしょう》、**袁術**《えんじゅつ》らは後宮に乱入、宦官を皆殺しに。

大混乱に陥った宮中から脱した新皇帝の**劉弁**と弟の**劉協**は、**何進**の呼びかけに応じて都へ進軍中だった**董**《とう》**卓**《たく》に保護される。

董卓は幼い兄弟を保護するという大義名分を得て、そのまま都に入ると、皇帝**劉弁**を廃し、聡明な皇子**劉協**を皇帝の座につけた。**何進**の軍勢を吸収した**董卓**は、強大な武力をもって都に君臨することになる。

豪傑たちが集結。怪物討伐へ向かうが……

反董卓《とうたく》の諸将が連合する

さて ともかく 出陣だ
誰が 先陣を 切るか
総大将 袁紹《えんしょう》
手をあげる ものは いないか

洛陽《らくよう》に入り、皇帝を手中にした**董《とう》卓《たく》**は、富豪から金品を強奪し、村祭りを行なっている村民を虐殺するなど、権勢をほしいままにしていた。

董卓に反発した**袁紹《えんしょう》**、**袁術《えんじゅつ》**、**曹操**ら新進官僚は、都を脱して根拠地に戻り、兵を集めて「反**董卓**」の旗を掲げる。これに、各地の豪族がこぞって参戦。いっせいに洛陽へ進軍したが、精強な**董卓**軍を前に、連合軍諸将は互いにけん制し合い、足並みがそろわなかった。

そのなかにあって、ふたりの将軍が果敢に戦った。**曹操《そうそう》**と**孫堅《そんけん》**である。このときの**曹操**は自前の兵力が少な

反董卓連合軍のメンバー

総大将の袁紹を中心に、曹操《そうそう》、袁術《えんじゅつ》、孫堅《そんけん》、劉表《りゅうひょう》、公《こう》孫瓚《そんさん》といった豪族が参加した。

孫堅
ただひとり、戦に勝利した

洛陽《らくよう》に向けて進撃し、董卓軍を破る。董卓軍の将軍である華雄《かゆう》を討ち取るなど大活躍。

董卓が長安《ちょうあん》へ都を移した後、廃墟となった洛陽に進軍。壊された諸皇帝の廟を修復した。

曹操
果敢に戦へ向かうが、大敗する

連合軍の仲間がぐずぐずしていたため、ひとり軍を進めるが敗戦。

進撃をうながすが、戦意は高まらず、やがて解散へ。

「会議は踊るされど進まず」

連合軍とはいえ、実際は大きく２つの派閥に分かれており、一枚岩ではなかった。議論ばかりが行なわれ、行動がともなわなかったのだ。

劉備《りゅうび》
参加していなかった？

劉備軍は連合軍で目立った活躍をしていない。

消化不良に終わった連合軍と董卓軍の戦いだったが、『三国志演義』では、劉備軍の大活躍を中心に盛り上がりを見せる。

いために大敗したが、南から兵をあげた**孫堅**は、**董卓**の守備軍を破り、都に迫った。

危機を覚えた**董卓**は洛陽の街を焼き払って長安《ちょうあん》へ撤退。しかし、戦意を失いつつあった連合軍は追撃に移ろうとせず、自然解散となった。

「三国志演義」の名シーン

関羽《かんう》VS華雄《かゆう》
汜水関《しすいかん》の戦い

劉備《りゅうび》軍の関羽が、敵将を斬る

洛陽《らくよう》への第一関門「汜水関」では、身の丈９尺（約207cm）もある華雄が立ちはだかり、連合軍の武将を何人も斬り捨てていた。ここに関羽が登場。華雄を一撃で討ち取ることで、連合軍は勝利した。

拙者が華雄を討ってごらんにいれる

正史は？
孫堅《そんけん》軍が倒す

孫堅は『三国志演義』で、華雄に部下を討たれて逃げ帰るという損な役回り。しかし『正史』では、孫堅軍が華雄の首をはね、連合軍で唯一といってよい勝利をあげている。

出陣しようとする関羽に、曹操《そうそう》が温かい酒をふるまおうとする。関羽は、「華雄を討ち取ってからいただきます」と答えて出陣し、華雄の首を持ち帰る。そのとき、まだ酒は温かいままだった。

「三国志演義」の名シーン

呂《りょ》布《ふ》VS劉《りゅう》備《び》三兄弟

虎牢関《ころうかん》の戦い

呂布に3人がかりで挑む

第二の関門「虎牢関」に進軍した連合軍の前にあらわれたのが、天下無双の豪傑といわれる呂布。連合軍は呂布ひとりに圧倒され、苦戦に陥る。そこへ張飛《ちょうひ》、関羽、劉備が呂布に挑み、かろうじて追い払った。不利と見た董卓《とうたく》は、洛陽を捨てて長安《ちょうあん》へと敗走する。

正史は？　虎牢関の戦いはなかった

後漢《ごかん》時代には、この地に関所はなかったといわれる。戦いは『演義』におけるフィクション。『正史』には劉備軍が活躍したり、呂布と対峙した記録はない。

董卓の乱

192年

怪物死す——美女の計で歴史が動いた

踊りながら流す涙は何を思ってだろう

「三国志演義」の名シーン

連環《れんかん》の計

三角関係で破滅へ向かう

『三国志演義』では、王允《おういん》の養女である貂蝉《ちょうせん》という美女が登場。王允は呂布《りょふ》に貂蝉を与えるという約束をしておきながら、董卓《とうたく》に貂蝉を差し出してしまう。それが原因で呂布と董卓は不仲となっていく。

連合軍との戦いに危機を感じた**董**《とう》**卓**《たく》は、洛陽《らくよう》から西の長安《ちょうあん》へと、強制的に都を移す。長安では巨大な城に30年分の食料をたくわえ、万全な防備を敷いた。

しかし、**董卓**は暴政によって人望を失ってゆく。とくに親子の契りまで結んだ護衛役の**呂布**《りょふ》からも恨みを買ったことが、彼の運命を決定づけた。

その後、有力な役人である**王允**《おういん》を中心に、**董卓**を暗殺する計画がもち上がる。

王允から依頼を受けた**呂布**は、宮中で**董卓**の暗殺を実行。ところが、

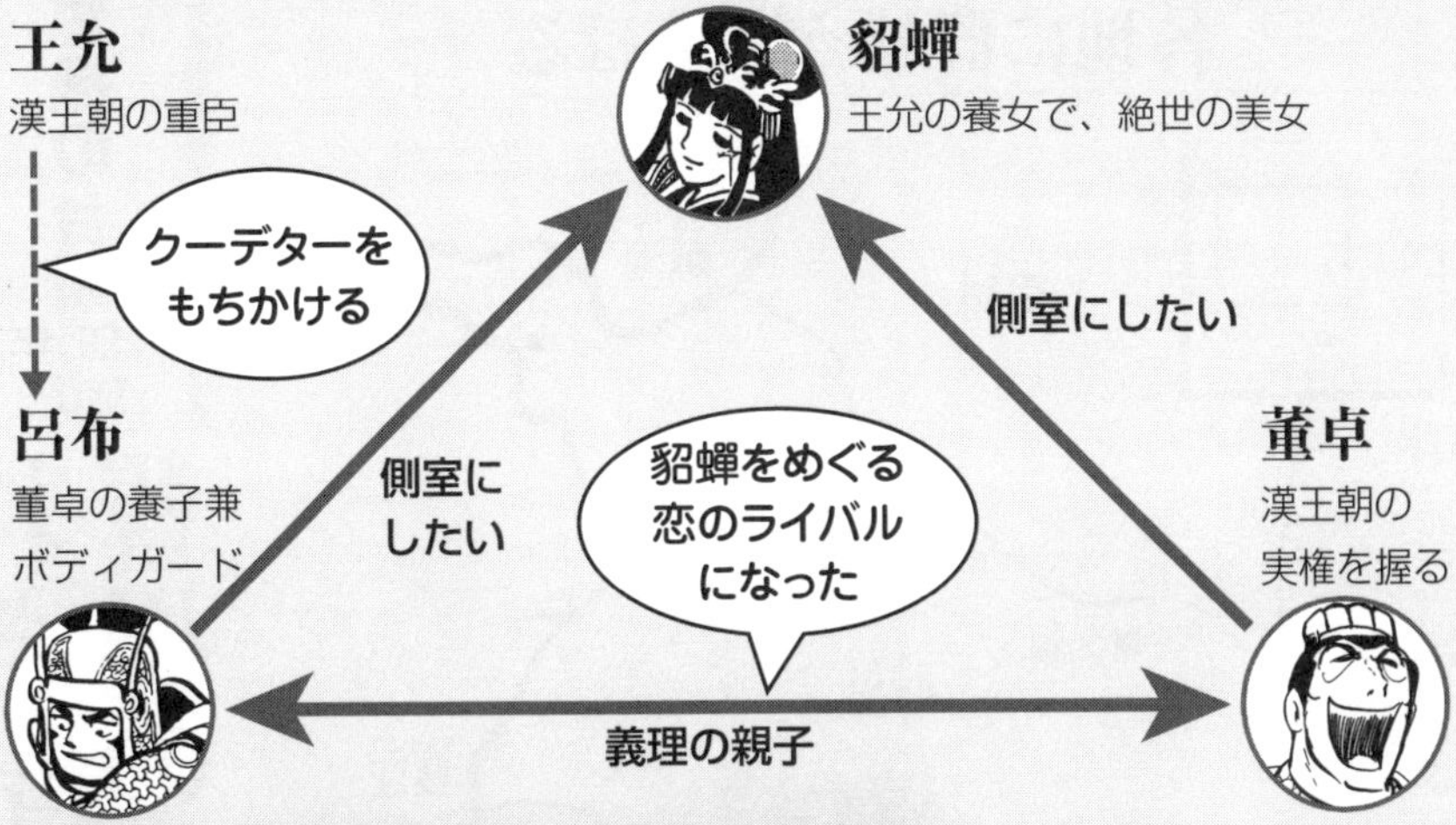
王允
漢王朝の重臣
クーデターをもちかける
呂布
董卓の養子兼ボディガード
貂蝉
王允の養女で、絶世の美女
側室にしたい
側室にしたい
貂蝉をめぐる恋のライバルになった
董卓
漢王朝の実権を握る
義理の親子

おぬしら そこで 何をしておる

董卓軍の残党がこれを恨んで兵をあげた。**王允**は彼らに捕まって殺され、大軍に追われた**呂布**は長安から逃亡した。

貂

mini **人物伝** **貂蝉**《ちょうせん》

字《あざな》／?

生没年／176～192年?

絶世の美女だが、架空の人物

『三国志演義』のオリジナルキャラクター。

後《こ》漢《かん》の重臣である王允の養女。呂布が密通したとされる董卓の侍女がモデルだとされる。

小説などでは作品によって、董卓亡き後に呂布の側室となったり、自害したと描かれたりする。中国四大美人に数えられることもある。

曹操の台頭
195年
前後

若き皇帝を「庇護」。曹操の勢力が増す

各地に群雄が散らばる

黄河《こうが》
袁紹《えんしょう》
劉備《りゅうび》
呂布《りょふ》
洛陽《らくよう》
曹操《そうそう》
長安《ちょうあん》
献帝を保護
長江《ちょうこう》
張繍《ちょうしゅう》
袁術《えんじゅつ》
孫策《そんさく》
（孫堅《そんけん》の息子）
劉表《りゅうひょう》
勝手に帝を名乗る

群雄のなかで、「帝」を利用したのは、曹操と袁術。だが、献《けん》帝《てい》をたてた曹操のほうが上手。

董卓《とうたく》の死後、群雄が乱立、戦乱は激化していく。

まず、反**董卓**軍の旗手をつとめた**袁紹**《えんしょう》が、強大な軍事力で河北（黄河の北）に勢力を拡大。**袁紹**のいとことされる河南（黄河の南）の**袁術**《えんじゅつ》も、名門の力を背景に力を伸ばし、**袁紹**と対立していた。

そしてもうひとり、急激に力を伸ばしたのが**曹操**《そうそう》である。はじめは少数の私兵をもつのみであったが、黄《こう》巾《きん》残党を討伐し、降伏した兵30万を支配下に収めた。

さらに、都での**董卓**軍残党同士による内紛から逃れてきた**献帝**《けんてい》を保護

した**曹操**は、ライバルより優位に立った。

帝のもとで、曹操は国力を強める

曹操がついたからにはご安心くださいませ

屯田《とんでん》制で食料不足を解決

兵糧不足に悩んだ曹操は、戦で荒廃し、持ち主が不在となった土地に、多くの流民を集めて開墾させた。さらに彼らを軍隊で保護し、収穫物を税として納めさせた。

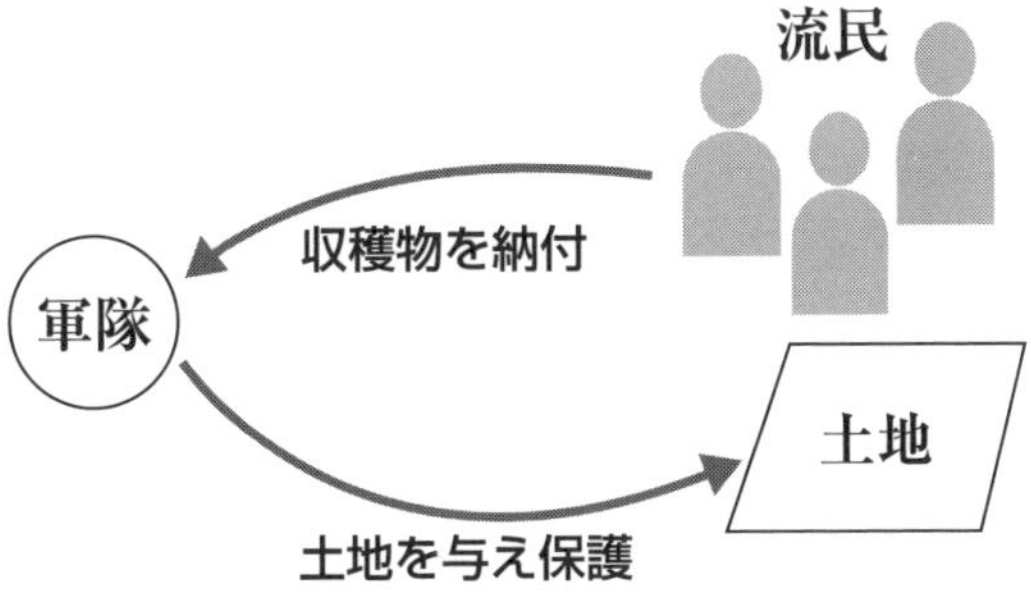
流民
収穫物を納付
軍隊
土地
土地を与え保護

mini 人物伝 **程昱**《ていいく》

程

〈軍師〉

字《あざな》／仲徳《ちゅうとく》
生没年／141〜220年

曹操の飛躍を支えた初期の名参謀

曹操に仕えた多くの軍師・参謀のなかでも、代表格のひとり。

呂布や袁紹との戦いにおいて、劣勢に弱気になる曹操を励まして勝利に導く。身長8尺3寸（約191cm）の偉丈夫で、少数の兵を率いて城を守り抜くなど、将軍としても活躍。

強情で自説を曲げないため、他人とよく衝突したというが、曹操からの信頼は絶大だった。

呂布の死

198年

乱世の申し子が曹操&劉備に討たれる

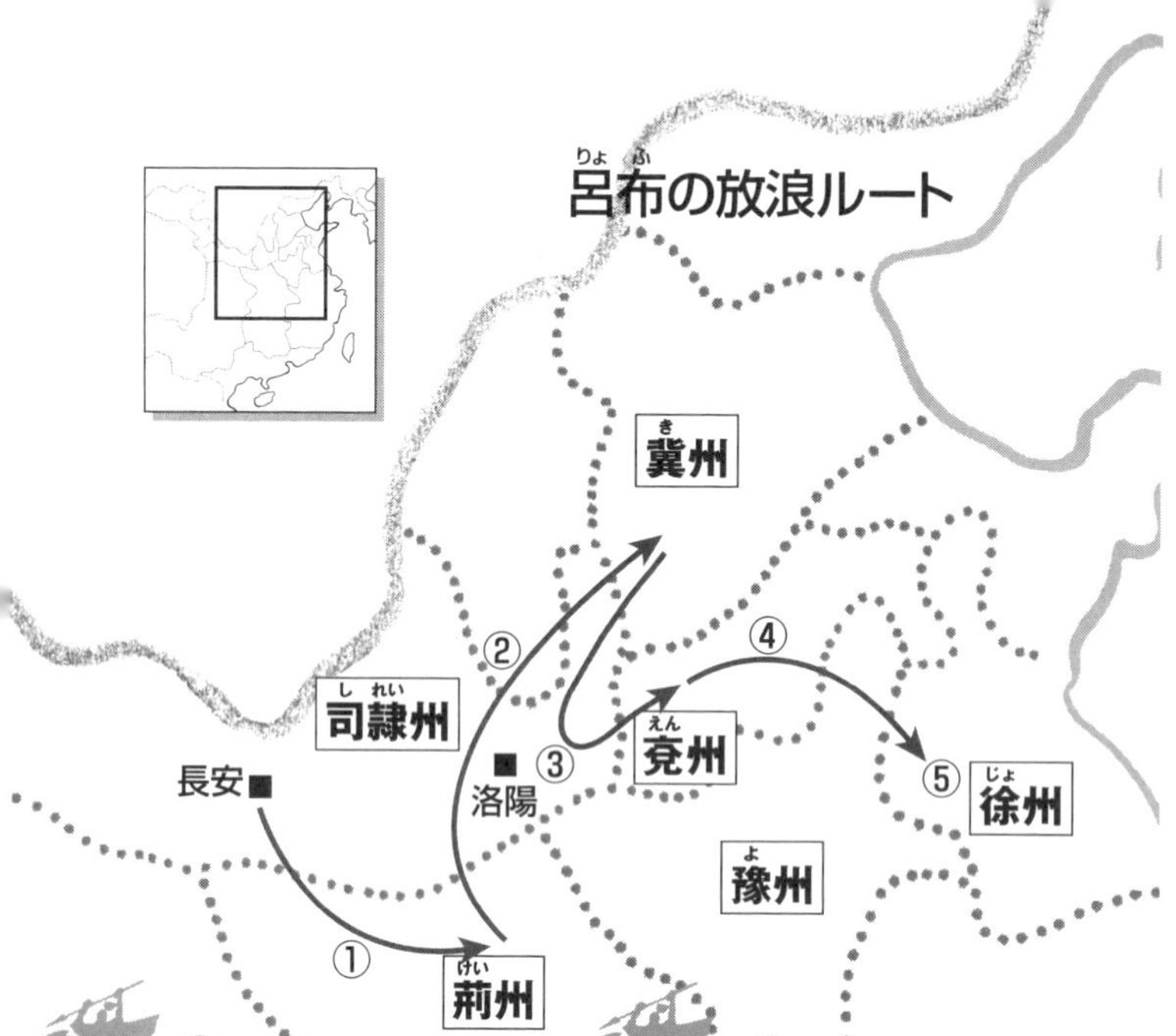

① 長安を逃れ、袁術《えんじゅつ》に助けを求める

呂布は、まず河南の袁術を頼ろうとする。袁術は自分も董卓《とうたく》のように殺されるのではないかと恐れ、受け入れを拒否。

② 袁紹《えんしょう》のもとに身を寄せる

次に河北の袁紹のもとに身を寄せ、袁紹と争っていた黒山《こくざん》賊を撃破する。だが袁紹は、呂布の武勇と野心を警戒し、闇討ちを企てる。

曹操《そうそう》が着々と勢力を伸ばす頃、**董《とう》卓《たく》**の残党に都を追われた**呂布《りょふ》**は、各地を放浪。やがて、反**曹操**派の有力者に迎えられ兗《えん》州で独立した。このため、**曹操**と長きにわたり戦うことになる。

同じ頃、**劉備《りゅうび》**は徐《じょ》州の有力者に支持され、そのトップに担ぎ上げられていた。**呂布**と**劉備**は一時的に手を組むが、やがて反目し合い、**劉備**は**曹操**のもとへと逃げ込んだ。

数年におよぶ争いのすえ、**曹操**は**呂布**を下邳《かひ》城に追いつめる。部下の裏切りなどもあって**呂布**は降伏。**曹操**によって処刑された。

③
曹《そう》操《そう》の留守を奪う

曹操の留守中、反旗をひるがえした陳宮《ちんきゅう》らに迎え入れられ、呂布はガラ空きとなっていた兗州を奪い取る。

袁紹に殺されかけて逃れる

④
曹操の奇襲に敗れ、劉《りゅう》備《び》のもとへ逃走

曹操の反撃を受け、２年あまり戦うが、ついに敗れて徐州にいた劉備を頼る。のちに呂布は、劉備から徐州を奪い取り、劉備は曹操のもとへ逃走。

⑤
曹操軍に敗れる

呂布は袁術と協力し、曹操から派遣された劉備軍を撃破。しかしその後、曹操みずからが大軍を率いて攻め込んできたため敗北。

生け捕りにされた呂布の処遇に曹操が迷うと……

曹操さま呂布がかつて仕えた
養父の丁《てい》原《げん》や董卓を殺害したことをお忘れではありますまい

劉備の一言で呂布の首がはねられた

曹操は呂布を助けようかと思ったが、二度も主を裏切ってきた呂布の生き様が、みずからの首を絞めた。

曹操暗殺計画

200年

帝の密命を受け劉備らがクーデターを試みるが……

『三国志演義』では、劉備が同じ一族出身の者だと知った帝が、彼を頼りにする場面がある。

呂布《りょふ》や**袁術**《えんじゅつ》らの強豪を打ち、**張**《ちょう》**繍**《しゅう》を降伏させるなど、**曹操**《そうそう》軍は飛ぶ鳥を落とす勢いで勢力を広げる。

呂布を討伐後、**曹操**は本拠地の許《きょ》に**劉備**《りゅうび》をともなって帰還。許には先に保護した**献帝**《けんてい》がおり、荒廃した洛陽《らくよう》や長安《ちょうあん》に代わって事実上の都となっていた。**曹操**は**献帝**を意のままに操り、みずからの権力拡大に利用していたため、宮中では彼に対する反発も強まっていた。

献帝は、宮中の実力者であった**董**《とう》**承**《しょう》に密詔を与え、**曹操**の討伐を狙う。**董承**は同志を集めるが、計画が事前にもれて失敗。計画に加担した一味

帝の忠臣たちが作戦を立てる

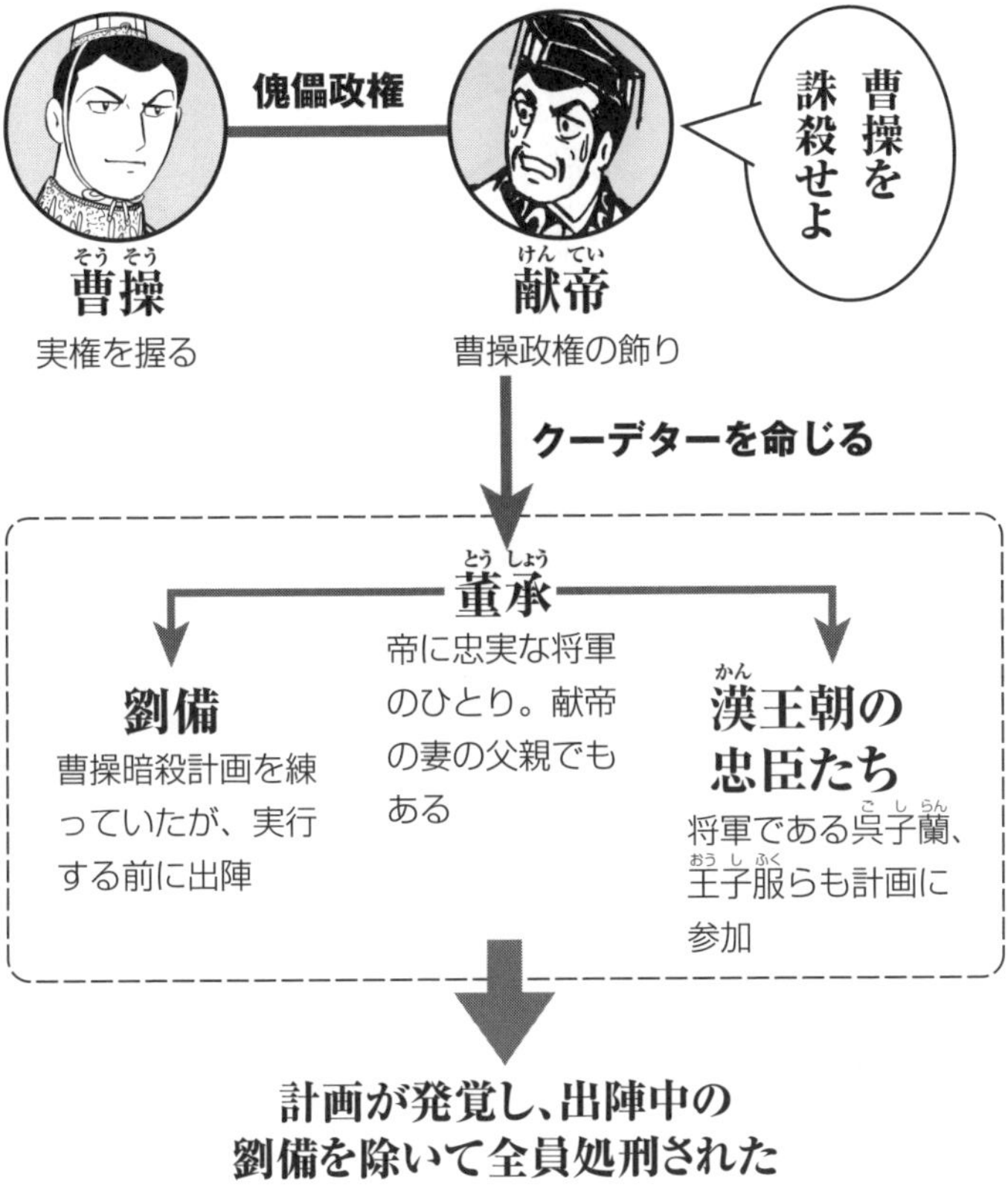
傀儡政権
曹操を誅殺せよ
曹操《そうそう》
実権を握る
献帝《けんてい》
曹操政権の飾り
クーデターを命じる
董承《とうしょう》
帝に忠実な将軍のひとり。献帝の妻の父親でもある
劉備
曹操暗殺計画を練っていたが、実行する前に出陣
漢《かん》王朝の忠臣たち
将軍である呉子蘭《ごしらん》、王子服《おうしふく》らも計画に参加
計画が発覚し、出陣中の
劉備を除いて全員処刑された

ありがたきおことば

は捕らえられて処刑された。

劉備は辛くも脱出。しかし、激怒した曹操の猛攻を受ける

曹操にしたがい、許に入った**劉備**だが、もとより**曹操**に仕える気はない。当然、**董承**らに見込まれてクーデターの一味に名を連ねていた。

しかし、計画が露見する直前、**劉備**は**曹操**に、逃亡中の**袁術**《えんじゅつ》討伐を頼まれ、徐《じょ》州へと出陣。体よく**曹操**のもとを離れると、徐州を奪って独立。周辺の反**曹操**勢力も**劉備**に味方した。

これに怒った**曹操**は、すかさず**劉備**を攻撃。攻め込まれた**劉備**は、河北の**袁紹**《えんしょう》のもとへ敗走した。このとき、**劉備**に下邳《かひ》城の守備を任されていた**関羽**は、**曹操**軍に包囲されて、やむなく投降した。

官渡の戦い
200年

三国志版 天下分け目の大決戦。二大勢力がぶつかる

袁紹《えんしょう》 vs 曹操《そうそう》の覇権争い

VS

伝統を重んじる **袁紹**		合理性を優先する **曹操**
後漢《ごかん》の時代に、４代続けて「三公」といわれる３つの重職者を出した名門。	**家柄**	祖父は宦官《かんがん》から大出世した曹騰《そうとう》。父は曹騰の養子である曹嵩《そうすう》。
約10万の大軍。	**兵力**	１万足らず。
部下から献帝《けんてい》奉戴を進言されたが、採用しない。	**皇帝**	献帝を庇護下に置く。

古くから文化・経済の中心となっていた中原（黄河《こうが》の中・下流域）の支配をめぐり、**袁紹**《えんしょう》と**曹操**《そうそう》の二大勢力が激突することになったのは必然といえた。「三国志」序盤の一大合戦「官渡《かんと》の戦い」である。

曹操の攻撃に敗れ、降伏した**関羽**《かんう》を残して徐《じょ》州から逃げてきた**劉備**《りゅうび》。彼を迎え入れた**袁紹**は、**曹操**との戦いを決意する。**曹操**の前線基地である白馬《はくば》を攻撃し戦端を開いてから、戦いは1年近くにおよんだ。

袁紹軍の兵力は曹操軍の10倍とされ、終始、袁紹軍が物量で圧倒していた。**曹操**は兵糧不足にも悩まされ

第1戦 白馬の戦い
関羽が敵将を討ち取る

袁紹軍 vs 曹操軍

道をあけい
関羽雲長《うんちょう》の
道をはばんで
むだな命を
捨てるな
顔

白馬を攻撃された曹操。参謀である荀攸《じゅんゆう》の策を採用して袁紹軍の分断に成功。そこへ武将の張遼《ちょうりょう》と、降伏させたばかりの客将関羽を派遣。関羽は敵軍のまっただ中に斬り込み、大将の顔良を討ち取った。

撤退を考えたほどだったが、参謀たちの助言に助けられ、局地戦で効果的な勝利を重ねていく。

一方の**袁紹**は、要所で判断ミスを重ね、戦いを優位に進めながら、まさかの大敗。**曹操**の奇跡的ともいえる勝利となった。

mini **人物伝** **顔良** がんりょう

袁
〈武将〉

字《あざな》／?
生没年／?～200年

曹操軍の策にはまるが……

袁紹軍の勇将。
文醜《ぶんしゅう》とともに軍を代表する将軍として名を知られる。
『三国志演義』では関羽に斬られる前に、曹操配下の武将ふたりを討ち取り、徐晃《じょこう》をも打ち負かしている。

第2戦 延津《えんしん》の戦い

袁紹《えんしょう》軍 vs 曹操《そうそう》軍

曹操の「まき餌」があたる

袁紹は文醜《ぶんしゅう》に曹操軍を攻撃させる。曹操は、参謀の荀攸《じゅんゆう》の進言にしたがって兵糧をおとりに使う。兵糧にむらがって文醜軍の隊列が乱れると、曹操軍は急襲して文醜を討ち取る。『三国志演義』では、文醜を関羽《かんう》が討ち取っている。

第3戦 官渡《かんと》の決戦

袁紹軍 vs 曹操軍

袁紹の参謀が曹操に寝返る

長期戦となり、兵力に劣る曹操軍は官渡に撤退。袁紹軍はこれを包囲した。その折、袁紹陣営の許攸《きょゆう》が曹操に投降。袁紹の補給基地の情報を教えた。曹操がこれを奇襲すると、兵糧を焼かれた袁紹軍からは寝返る者が続出。曹操は追撃して袁紹の主力を壊滅させた。

いまこそ正念場です撤退せずに踏みとどまりましょう
そうだなもう少し辛抱しよう

大将の器が明暗を分けた

曹操は荀攸、荀彧《じゅんいく》らの戦略を採用し、勝利に結びつけた。袁紹にも多くの優秀な参謀がいたが、彼らの進言をすべて退け、粗末に扱ったため、袁紹陣営からは許攸をはじめ多くの裏切り者が出た。

曹操の河北平定

207年

曹操が大戦に勝ち、北の地を支配する

袁家は後継者争いで衰亡へ

袁紹

官渡の戦いの２年後に、跡取りを決めないまま亡くなる。

袁譚《えんたん》

袁紹の長男。後継者からはずされ、敵である曹操に助けを求める。曹操と姻戚関係を結ぶが、のちに曹操に背く。

→ **205年に敗死**

袁煕《えんき》

袁紹の次男。曹操に追いつめられ、弟の袁尚とともに北へ向かい、半島にいた公孫康《こうそんこう》のもとへ逃げ込む。

→ **207年に斬首**

袁尚《えんしょう》

袁紹の三男。もっとも可愛がられ、後継者と目されていた。曹操に攻撃され、次兄の袁煕を頼って、北へ逃げる。

→ **207年に斬首**

「官渡《かんと》の戦い」で敗れたとはいえ、**袁紹《えんしょう》**の力はまだまだ強く、**曹操《そうそう》**も迂闊《うかつ》に攻撃することができなかった。

しかし、202年5月、**曹操**に敗れたのが心労となったのか、**袁紹**は病死する。彼には3人の子がいたが、後継者を明確にしていなかったため、「お家騒動」が起こる。兄弟や家臣らは各派に分かれて争い、完全に分裂。そのスキを突いた**曹操**が各個撃破する格好で、**袁**一族は滅亡する。

曹操はその後、大勢力の黒山《こくざん》賊の降伏を受け入れたり、烏丸《うがん》族を討伐。

官渡の戦いから7年、ついに河北一帯を支配するに至った。

関羽の伝説
200年

猛アプローチを振り切り、劉備のもとへ駆けつける

「三国志演義」の名シーン

曹操《そうそう》、関羽《かんう》を欲しがる

関羽を部下にしたかった曹操は、関羽の心をつかもうとあれこれ手を打つ。

作戦1 **色仕掛け**

美女10人を関羽に贈る。しかし関羽は、すべて劉備《りゅうび》の奥方に仕えさせてしまう。

作戦2 **プレゼント**

錦の羽織を贈る。しかし関羽は劉備にもらった羽織をその上に重ねて着る。

作戦3 **馬を与える**

呂布《りょふ》の乗った名馬を与える。関羽は、これで劉備のもとへはせ参じることができると喜ぶ。

「官渡《かんと》の戦い」では、**劉備《りゅうび》**と離れ、一時的に**曹操《そうそう》**軍に所属した**関羽《かんう》**が、**袁紹《えんしょう》**軍の**顔良《がんりょう》**将軍を討ち取る。**劉備**のもとへ戻る前に、自分に目をかけてくれた**曹操**の恩に報いようと、懸命な働きを見せたのである。

白馬の戦いが終わると、**曹操**は厚い恩賞を与えたが、**関羽**はそれに手をつけず、**袁紹**陣営にいた**劉備**のもとへと走る。**曹操**はその忠義に感心し、**関羽**を追いかけようとする部下を押しとどめたという。

『三国志演義』では、その後も**劉備**の奥方ふたりを護衛しつつ、**関羽**が関所を突破する活躍が描かれる。

ここから
河北まで
5つの
関所が
ございます
うむ

関羽、五《ご》関《せき》六《ろく》将《しょう》を破る

「三国志演義」の名シーン

劉備のもとへ千里を駆ける

曹操に降伏するとき、関羽は「劉備の所在がわかったら、すぐ帰参する」という条件を出した。やがて関羽は曹操のもとを去り、関所を突破して劉備のもとへはせ参じる。

曹操に別れを告げる

劉備の居所を知った関羽は、褒美を返し、曹操のもとを去る。劉備がいる河北へ急ぐが、曹操の通行証をもっていなかった。

5つの関所を強行突破する

何人もの曹操軍の武将が行く手をはばむが、関羽は斬り捨てて進んだ。これを聞いた曹操は、文句もいわず通行証を届けさせる。

曹操の使者が追いつく

曹操軍の夏侯惇《かこうとん》が、将兵の仇を討とうと追い、関羽に勝負を挑む。が、曹操の命令を受けた張遼《ちょうりょう》が追いつき仲裁に入る。

晴れて劉備と再会を果たす

3人目の男が父と兄の志を継ぐ

孫堅《そんけん》
192年

孫策《そんさく》
194年

荊州《けい》の劉表《りゅうひょう》との戦で戦死する

勢力を広げようとして、荊州の劉表を攻撃。劉表の部下に殺された。

袁術《えんじゅつ》のもとへ

父の部下を引き継いで、袁術の配下となる。孫策の才能は、袁術も太鼓判を押すほど。

独立して、江南の地へ向かう

袁術から部下を返してもらい、江東に出陣。次々と支配下を広げ、「呉」の基盤を築く。

曹操《そうそう》が**袁紹**《えんしょう》に勝った頃、東南の大勢力（のちに呉《ご》と呼ばれる）に激震が走った。当主**孫策**《そんさく》の死である。

それより8年前の192年、**董卓**《とうたく》軍との戦いで活躍した**孫堅**《そんけん》が、**劉**《りゅう》**表**《ひょう》との戦いで戦死。息子の**孫策**は、主家にあたる**袁術**《えんじゅつ》の下で働いていたが、やがて独立する。**黄蓋**《こうがい》、**程普**《ていふ》ら父の代からの旧臣や、**周瑜**《しゅうゆ》、**太**《たい》**史慈**《しじ》ら若く優秀な人材に助けられ、急激に勢力を拡大。わずか4～5年で江東《こうとう》・江南《こうなん》一帯を制圧した。だが、**曹操**の背後を突こうとした矢先に暗殺されてしまう。

その跡を継いだのが、**孫策**の弟**孫**《そん》

孫権《そんけん》

200年

孫策暗殺。孫権が跡を継ぐ

北上して天下を狙おうとした矢先、孫策は暗殺される。まだ26歳だった。

小覇王として江南・江東を治める

孫策が治める地は善政が敷かれ、土地が肥え、文化が栄えた。鍛えられた兵に加え、賢人、武人が多く集まった。

200年頃の勢力図

北では曹操が勢力を広げ、南では孫一族が支配を固めていた。

権《けん》だった。**孫権**は兄に認められた内政の才を発揮。**孫策**死後の混乱を鎮めて、家臣団の心をつかむ。数年後には江東の地盤をより強固にした。

北方を制し、中原《ちゅうげん》の覇者となった**曹操**と国境を接しており、両者の激突は、時間の問題となっていく。

column

酒をたしなみ酒におぼれた

張飛《ちょうひ》どの
おやめください
これ以上
飲んでは
いけませぬ
張飛

前後不覚に酔っ払い、城を失う

『三国志演義』で、酒にまつわるエピソードに事欠かないのが、劉備《りゅうび》軍の張飛《ちょうひ》。劉備に命じられ城を守っていた夜、禁酒の誓いを破り大酒を飲む。止める者を殴り泥酔した挙句、呂布《りょふ》に城をのっとられてしまう。酔った寝込みを襲われた最期も印象的だ。

孫権《そんけん》

どんちゃん騒ぎでやりたい放題

酒乱気味？　宴席で深酒すると、群臣に水をぶっかけ「酔いつぶれるまで飲め」と酒を飲ませやりたい放題。重臣の張昭《ちょうしょう》にいさめられることも。

曹操《そうそう》

大人の飲み方でたのしんだ

曹操の宴席は、剣舞や詩で客人をもてなしたという。曹操は音楽や詩と同様に酒も愛した。酒をたたえる「短《たん》歌行《かこう》」という詩を作ったほどだ。

第二部

最強は誰だ

大決戦に勝利した曹操《そうそう》
勢力を増す孫権《そんけん》
弱小ながら生き抜いた劉備《りゅうび》
それぞれが武力と知恵を駆使して
国づくりを競い始める

201～215年 三勢力の軍師、武将が知恵、力を競い合う

あらすじ

天下分け目の大決戦（官渡《かんと》の戦い）は終わった。名門出身の実力者**袁**《えん》**紹**《しょう》を倒し、中原《ちゅうげん》の覇者となったのは**曹操**《そうそう》だった。

これに対し、南方から**曹操**を脅かそうとする勢力があった。それは急成長を遂げた江東《こうとう》の若武者**孫策**《そんさく》。しかし、決戦を前にして**孫策**は急死してしまう。跡を継いだ**孫権**《そんけん》は、しばらくは国の安定に集中しなくてはならなくなった。

そして、**曹操**に追われた**劉備**《りゅうび》は荊《けい》州へ逃れて**孫権**と同盟。迫りくる**曹操**の南下を食い止め、世に名高い「赤壁《せきへき》の戦い」が起こる。

曹操、**劉備**、**孫権**の三者は、それぞれがめざす国づくり、王への道を突き進んでいく。

登場人物相関図

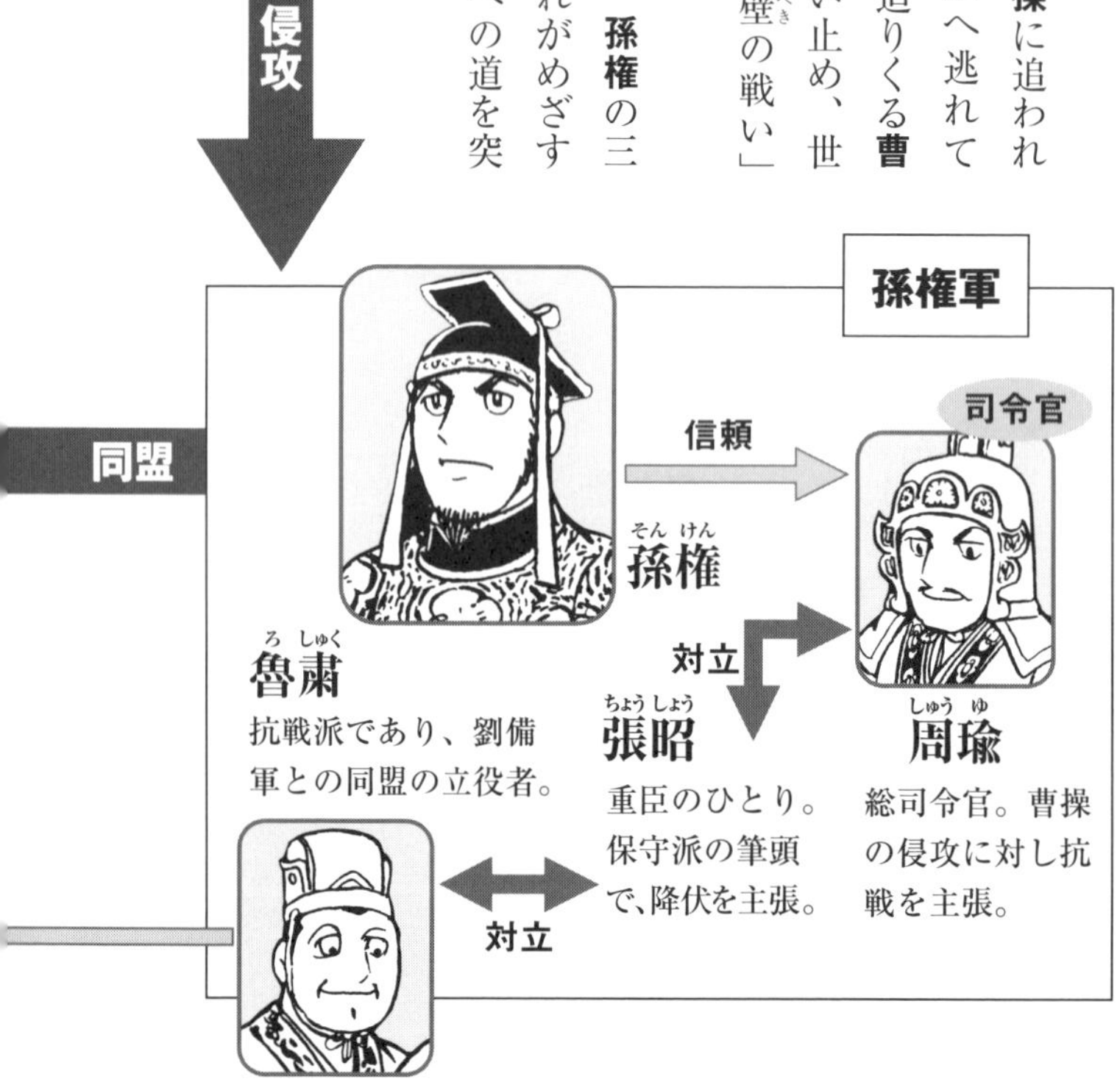
侵攻
同盟
孫権軍
信頼
司令官
孫権《そんけん》
対立
魯粛《ろしゅく》
抗戦派であり、劉備軍との同盟の立役者。
張昭《ちょうしょう》
重臣のひとり。保守派の筆頭で、降伏を主張。
周瑜《しゅうゆ》
総司令官。曹操の侵攻に対し抗戦を主張。
対立

続きはP90へ

三国志年表

- 201年　劉備、劉表のもとへ
- 207年　袁《えん》一族が滅亡する
- 208年　赤壁《せきへき》の戦い
- 209年　劉備が孫権の妹と結婚
- 211年　曹操が関中《かんちゅう》を平定する
- 211年　劉備が蜀《しょく》（益州《えき》）に入る
- 213年　曹操が魏《ぎ》公となる

曹操軍
曹操《そうそう》

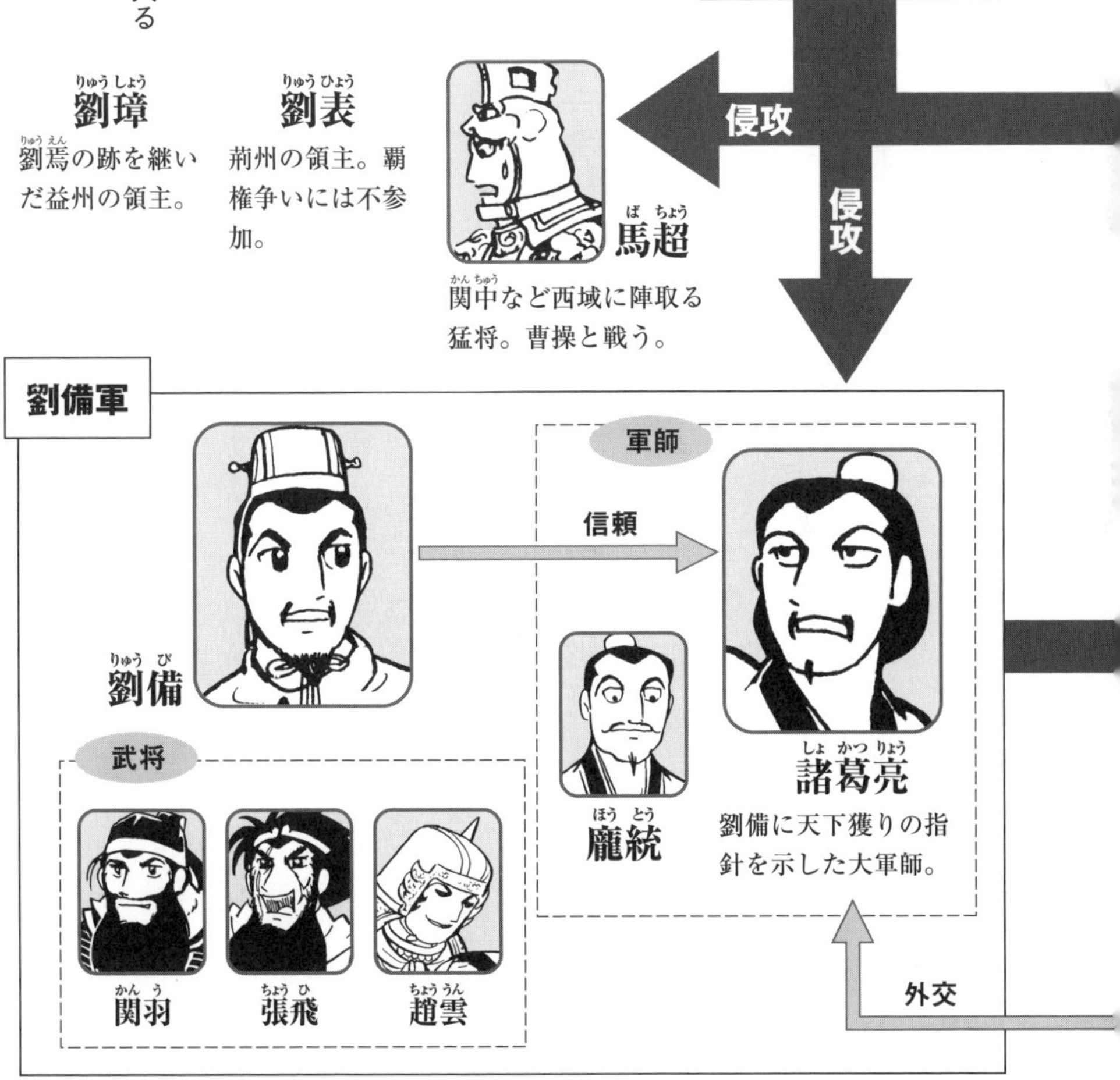
侵攻
侵攻
劉璋《りゅうしょう》
劉焉《りゅうえん》の跡を継いだ益州の領主。
劉表《りゅうひょう》
荊州の領主。覇権争いには不参加。
馬超《ばちょう》
関中《かんちゅう》など西域に陣取る猛将。曹操と戦う。
劉備軍
劉備《りゅうび》
軍師
信頼
諸葛亮《しょかつりょう》
劉備に天下獲りの指針を示した大軍師。
龐統《ほうとう》
武将
関羽《かんう》
張飛《ちょうひ》
趙雲《ちょううん》
外交

髀《ひ》肉《にく》の嘆《たん》

201〜207年

劉備、荊州にひそみ、ふがいない自分を嘆く

曹操《そうそう》が中原《ちゅうげん》の覇者となり、**孫権**《そんけん》が江東《こうとう》で内政に力を注いでいた頃、**劉備**《りゅうび》は何をしていたか。

「官渡《かんと》の戦い」で、**劉備**は**袁紹**《えんしょう》に命じられ、反**曹操**派の武将と合流し、**曹操**の背後を脅かした。この頃、**曹操**のもとを去った**関羽**《かんう》が**劉備**のところへ戻っている。

袁紹が敗れると、**劉備**らは**曹操**軍から逃れ、南の荊《けい》州へ。主の**劉表**《りゅうひょう》に一目置かれ、新野《しんや》城を与えられる。

一応の居場所を得た**劉備**であったが、名声も人望も高い彼は、**劉表**や荊州の豪族に警戒され、身動きのとれぬ状況に陥ってしまうのである。

転々とする劉備《りゅうび》の道のり

184年、関羽《かんう》、張《ちょう》飛《ひ》とともに立ち上がる。
↓
191年、黄巾《こうきん》党と戦う。公孫瓚《こうそんさん》のもとへ。
↓
193年、陶謙《とうけん》に身を寄せる。
↓
陶謙の跡を継いだが、呂布《りょふ》に襲撃される。
↓
196年、呂布の攻撃に敗れ、曹操《そうそう》のもとへ。
↓
200年、曹操暗殺を企みつつ、袁紹《えんしょう》に身を寄せる。
↓
201年、袁紹が曹操に敗れる。劉《りゅう》表《ひょう》のもとへ。

“新野《しんや》”の地でホッとひと息!?

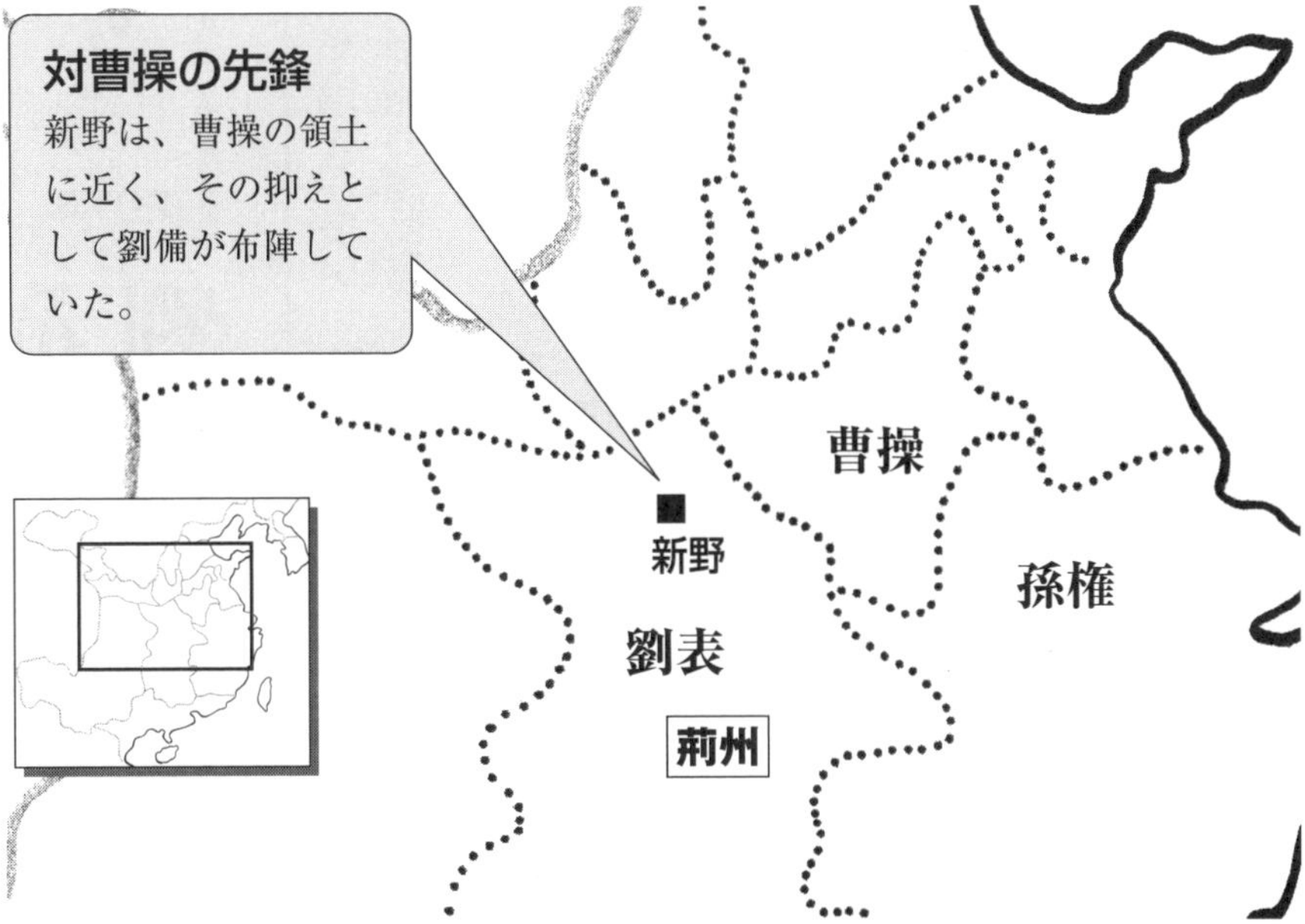

対曹操の先鋒
新野は、曹操の領土に近く、その抑えとして劉備が布陣していた。
新野
曹操
孫権
劉表
荊州

「髀肉の嘆」

こんなことでいいのだろうか

「かつては、常に馬で戦場を駆け、ぜいにくなどなかった。いまは馬にも乗らず、余分な髀肉《ひにく》（太ももの裏側の肉）がついてきた。月日のたつのは早く、老いも迫るのに、いまだ志を果たせない」。新野に駐屯する劉備は、こう嘆いたという。

mini 人物伝 **劉表** りゅうひょう

劉

〈諸侯〉

字《あざな》／景升《けいしょう》
生没年／142〜208年

中立主義を守ろうとした

霊帝《れいてい》の死後、朝廷に命じられ、不穏分子を鎮圧して荊州の主となる。政治にすぐれ、儒学者としても名高いため、荊州には多くの名士が集まった。

ただ、曹操の背後を突く機会を逸するなど、領土欲や天下に対する野望は薄かった。

三顧の礼

207年

希代のブレーンが劉備軍に加わる

荊《けい》州は頭脳の宝庫

知識人が多い荊州で諸葛亮《しょかつりょう》は頭角をあらわした

領主の劉表《りゅうひょう》が戦を避けたこともあって、荊州の地は戦が少なかった。そのため、戦乱を避けた知識人が数多く集まったという。

荊《けい》州の新野《しんや》城に駐屯する**劉備**《りゅうび》は、大志を抱きつつも行動を起こせず、数年間を過ごした。**劉表**は外征に興味が薄く、「**曹操**《そうそう》が北伐《ほくばつ》で留守の間に攻撃しましょう」との**劉備**の進言も、無視される有様だった。

そんな折、**劉備**は荊州に住む学者**徐庶**《じょしょ》と出会う。**徐庶**は**劉備**に**諸葛亮**《しょかつりょう》を紹介。ブレーンに迎えることをすすめた。興味を覚えた**劉備**は、連れてきてほしいというが「あの人は、私が無理にいって連れ出すことはできません。あなたから会いにいくといい」との**徐庶**の言葉にしたがい、**諸葛亮**を訪ねることにした。

「三国志演義」の名シーン

三《さん》顧《こ》の礼《れい》

劉備と申す
諸葛先生は
いらっ
しゃるか
うん
きょうは
書堂に
いるようだよ

3回通って 口説き落とす

劉備は、諸葛亮を迎え入れるために、彼の庵《いおり》を3回訪ねた。雪のなかを訪問したり、昼寝中の諸葛亮が起きるのを待つなど、十分に礼を尽くした。

諸葛亮は、荊州で晴耕雨読の毎日を送っていたが、世に聞こえた**劉備**が、自分を訪ねてきてくれたことに感激。仕官を決意する。

mini **人物伝**

徐庶 じょしょ

徐

〈幕僚〉

字《あざな》／元直《げんちょく》

生没年／？

君主よりも母を大切に

荊州に隠棲し、人物鑑定家・名士として知られていた司馬徽《しばき》（水鏡《すいきょう》先生）の弟子。

諸葛亮と親友で、その才能を認めていた。劉備に仕えた直後、母が曹操軍の捕虜となったため、劉備に別れを告げ、魏《ぎ》に終生仕えた。『演義』では、劉備の軍師として曹操軍を撃退する見せ場がある。

諸葛亮《しょかつりょう》の秘策「天下三分《さんぶん》の計」

諸葛亮が、劉備《りゅうび》に天下を統《す》べる方策として示したのが「天下三分の計」。北の曹操《そうそう》、東の孫権《そんけん》はすでに強大で、単独で対抗するのは難しい。現在いる荊《けい》州、および西の益《えき》州を得て、まず両国と肩を並べることが重要だと説いた。

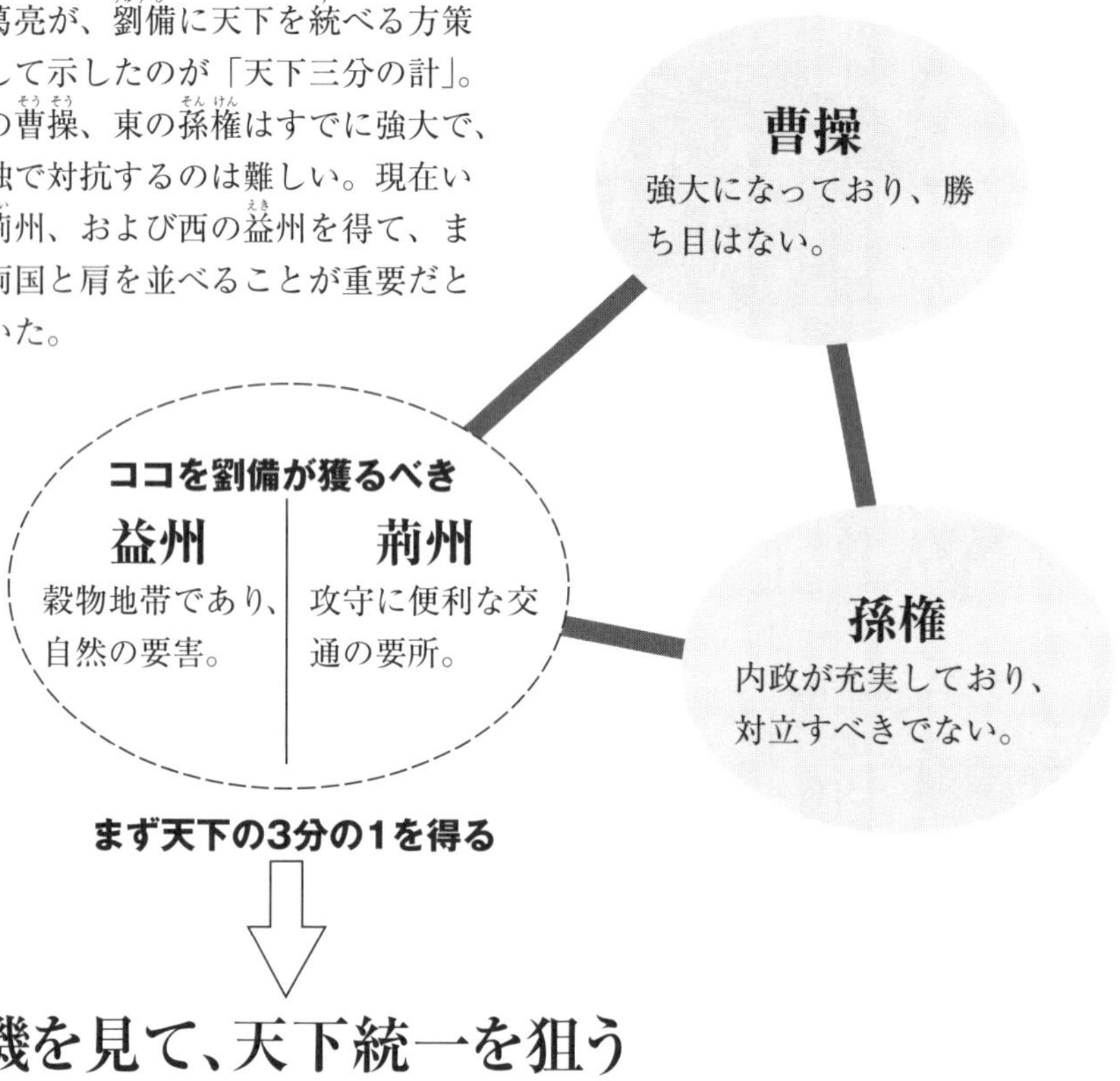

曹操
強大になっており、勝ち目はない。
ココを劉備が獲るべき
益州
穀物地帯であり、自然の要害。
荊州
攻守に便利な交通の要所。
孫権
内政が充実しており、対立すべきでない。
まず天下の3分の1を得る
機を見て、天下統一を狙う

三国志 note

「軍師＝軍事エキスパート」ではない

軍師とは、軍の中核にあって大将や将軍をサポートし、戦略を練る人間。その役割は仕えた人物や国によって異なる。中国では紀元前11世紀、周《しゅう》王朝の文《ぶん》王《おう》が太公望《たいこうぼう》を軍師として用いたのが始まりといわれる。以後、軍師は、官名にも用いられ、たびたび登場するようになる。

たとえば諸葛亮は、のちに劉備から「軍師将軍」に任命される。その存在は軍事のほか、内政・外交にも影響し、まさに劉備軍全体の「師」であった。一方、人材豊富な曹操軍は、曹操自身が軍事の天才でもあったため、複数の軍師をそれぞれの得意分野に置き、サポートさせていた。

「三国志演義」の名シーン

諸葛亮の初《うい》陣《じん》

あんな若造に
どれほどのことが
できるのやら……

諸葛亮に惚れ込み親密さを増す劉備。関羽《かんう》、張飛《ちょうひ》は不満気。

曹軍10万人 vs 劉軍3～5千人

博望坡《はくぼうは》の戦い

指揮を任された諸葛亮は、夏侯惇《かこうとん》率いる曹操軍の進路を読み、博望坡で迎え撃った。関羽、張飛、趙雲《ちょううん》らを巧みに動かし、伏兵、火攻め、挟み撃ちなど、計略を駆使して撃退する。

なかなか
やるな

大勝利から、一目置くように。

正史は？ 劉備の指揮で勝った

『正史』にも、博望坡の戦いは記録されている。新野《しんや》城にいた劉備は、劉表《りゅうひょう》の依頼で夏侯惇らが率いる曹操軍を防ぐために出兵し、撃退に成功する。ただし、これは諸葛亮が劉備に仕えるより前のことだ。

数十万の民衆を連れ劉備の逃亡が始まる

お家騒動に巻き込まれる?

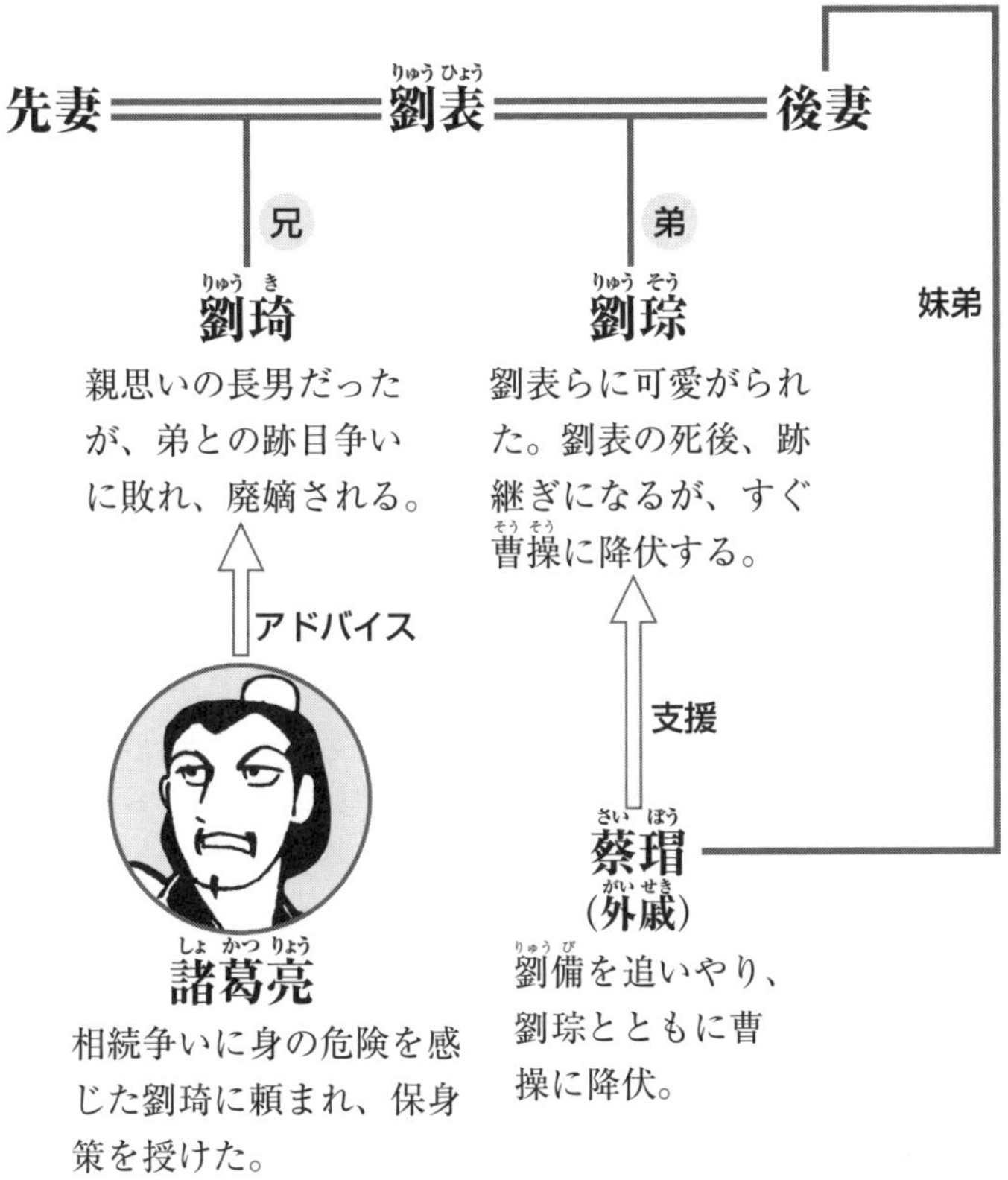
先妻
劉表《りゅうひょう》
後妻
兄
弟
妹弟
劉琦《りゅうき》
親思いの長男だったが、弟との跡目争いに敗れ、廃嫡される。
劉琮《りゅうそう》
劉表らに可愛がられた。劉表の死後、跡継ぎになるが、すぐ曹操《そうそう》に降伏する。
アドバイス
支援
蔡瑁《さいぼう》
(外戚《がいせき》)
劉備《りゅうび》を追いやり、劉琮とともに曹操に降伏。
諸葛亮《しょかつりょう》
相続争いに身の危険を感じた劉琦に頼まれ、保身策を授けた。

曹操《そうそう》は、中国全土の支配をめざし、本格的に南下を開始する。その最初の的にされたのが荊《けい》州であった。

しかし、この大事なときに領主の**劉表**《りゅうひょう》が病死。後継者争いの結果、**劉表**の次男**劉琮**《りゅうそう》が跡を継ぐことになった。しかし、**劉琮**は即座に**曹操**に降伏。荊州北部にいた**劉備**は、**曹操**に真っ先に狙われることとなる。

諸葛亮《しょかつりょう》は「いま**劉琮**を攻めて倒せば、**曹操**が来る前に荊州を支配できます」と進言するが、**劉備**は却下し、南へ逃亡する。その際、荊州の民衆十数万人が**劉備**を慕い、ついてきた。このため、**劉備**軍は一日に十里余り

劉備は民を連れて南へ撤退

曹操軍
豫《よ》州
許昌《きょしょう》
攻め込む
もちこたえられず、南へ撤退する。
荊《けい》州
劉琮を討ち荊州を奪いましょう
それはできない
樊城《はんじょう》
襄陽《じょうよう》
劉備
諸葛亮
諸葛亮は、襄陽の城を守る劉琮を討ち、荊州を奪うよう進言するが、劉備は拒否する。
劉備を慕う臣下や住民を連れて、江陵をめざす。
揚《よう》州
長阪《ちょうはん》
援軍と合流
夏口《かこう》
曹操軍に追いつかれ、戦になる。次ページへ

しか進めず、**曹操**軍に長阪《ちょうはん》で追いつかれ、蹴散らされてしまう。**劉備**は、**張飛**《ちょうひ》や**趙雲**《ちょううん》の活躍で辛くも窮地を脱し、夏口《かこう》まで到達して、別働隊の**関羽**《かんう》軍と合流。ようやく**曹操**の追撃を振り切るのであった。

長阪《ちょうはん》の戦いのヒーローたち

※長坂とも書く。

若君
もうしばらくの
ご辛抱ですぞ

趙雲《ちょううん》

敵陣をひとりで走り、阿斗《あと》を助け出す

劉備《りゅうび》は、妻子を見失い、結果的に民衆を置き去りにして逃げる羽目に。趙雲は乱戦のなか、劉備の息子阿斗(のちの劉禅《りゅうぜん》)、甘《かん》夫人を救い、保護した。

張飛《ちょうひ》

大喝して曹操《そうそう》軍を食い止める

殿《しんがり》をつとめた張飛は、20騎を率い、川を盾にして曹操軍を食い止めた。「俺が張飛だ。やってこい！」と呼ばわると、曹操軍は恐れをなして誰も近づこうとしない。劉備はこのおかげで逃げ延びることができた。

孫権《そんけん》軍と同盟の話がもち上がる

曹操の南下で、にわかに騒がしくなってきたのは東方の孫権陣営。そこから様子を探りにきたのが魯粛《ろしゅく》だった。魯粛は荊《けい》州の情勢や劉備の人物を知ると、協力して曹操を撃退しようと劉備に説く。願ってもない申し入れに劉備も喜んで、諸葛亮《しょかつりょう》を孫権への使者に立てた。舞台は「赤壁《せきへき》の戦い」へと続いていく。

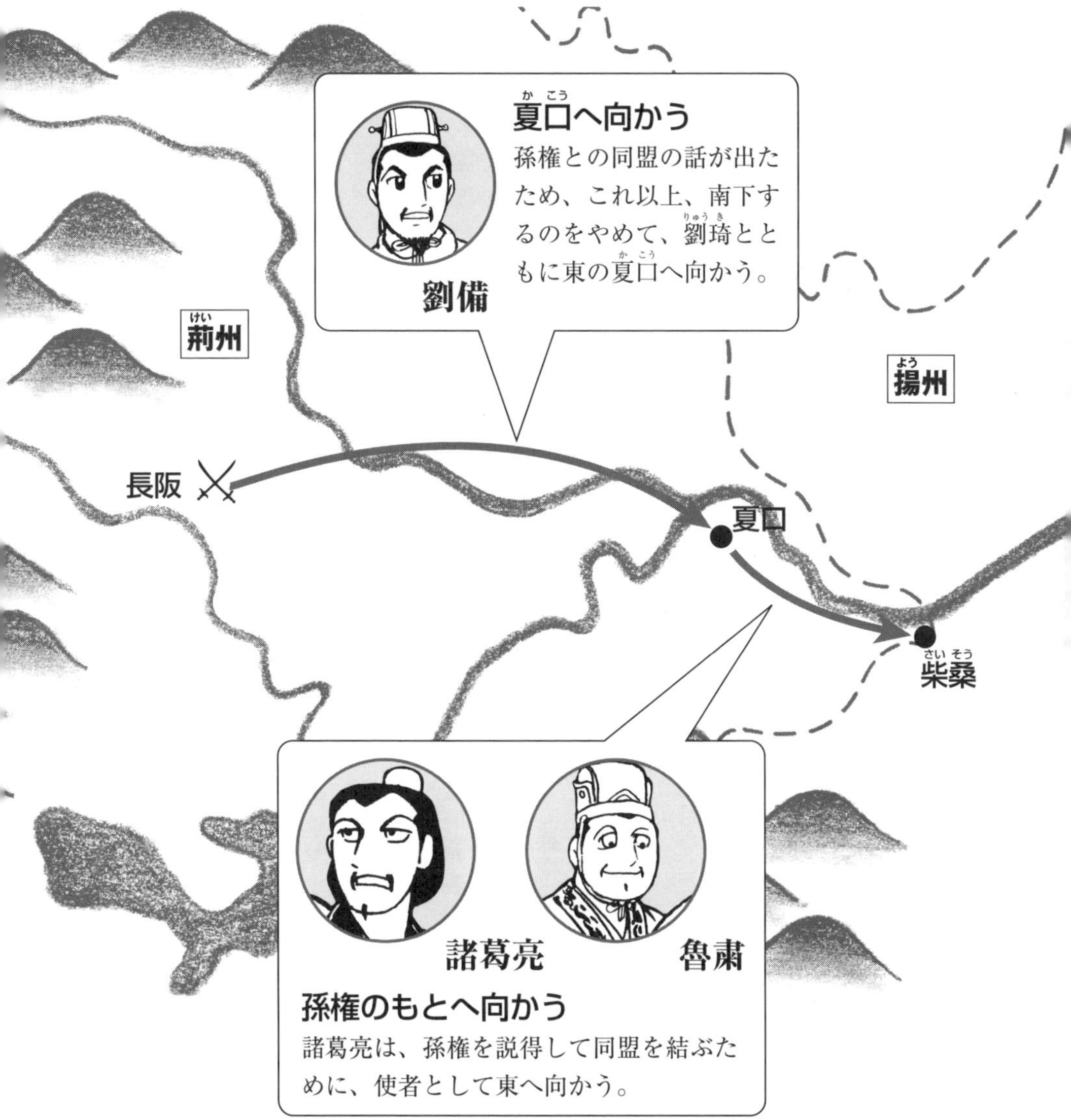

夏口《かこう》へ向かう
孫権との同盟の話が出たため、これ以上、南下するのをやめて、劉琦《りゅうき》とともに東の夏口《かこう》へ向かう。
劉備
荊《けい》州
揚《よう》州
長阪
夏口
柴桑《さいそう》
諸葛亮
魯粛
孫権のもとへ向かう
諸葛亮は、孫権を説得して同盟を結ぶために、使者として東へ向かう。

対曹操の同盟

208年

敵の敵は味方。孫権と劉備が同盟を結ぶ

曹操《そうそう》の追撃から逃れた**劉備**《りゅうび》は、荊《けい》州の動向を探りにきた**孫権**《そんけん》軍の**魯**《ろ》**粛**《しゅく》と面会し、同盟の手はずを整える。**曹操**は旧**劉表**《りゅうひょう》領と荊州の水軍を手に入れ、そのまま南下。長江《ちょうこう》沿いに布陣して**孫権**領に迫った。

曹操の大軍勢を前に、**孫権**陣営は大混乱。**張昭**《ちょうしょう》をはじめ多くの有力者は「勝ち目なし」と降伏論を唱える。これに真っ向から対抗したのが、**劉備**に協力を申し出た**魯粛**と、**孫権**軍総司令官の**周瑜**《しゅうゆ》であった。

周瑜と**魯粛**は、**劉備**軍の使者**諸葛**《しょかつ》**亮**《りょう》とともに徹底抗戦を主張。ついに**孫権**は、開戦に踏み切るのである。

意見が真っ二つに割れた孫権《そんけん》軍

曹操《そうそう》が迫ってくるとの報告を受けた孫権軍では、緊急会議が開かれていた。

抗戦派

冷静に分析すれば、勝ち目はある。漢《かん》王朝を操る逆賊である曹操とは、断固戦うべきだと熱弁した。

＝

周瑜《しゅうゆ》**、魯粛**《ろしゅく》**ら**

降伏派

曹操との兵力差は明らかで勝ち目はない。曹操ではなく、漢王朝に降伏するのだと進言した。

＝

張昭《ちょうしょう》**ら、保守派の重臣たち**

孫権に開戦を決意させた3人

周瑜
「曹操軍は、江南《こうなん》の風土に慣れておらず、疫病が流行るにちがいありません。80万という軍勢も、実際は15、6万人に過ぎません」

諸葛亮
「もし事が成就しなかったならば、それは天命なのです。曹操の下につくことなどありえません」

魯粛
「多数派の意見に惑わされてはいけません」

孫権は、兄孫策《そんさく》の代から兵を率いてきた周瑜の具体的なアドバイスによって、勝利を確信。安心して彼に全軍の指揮を委ねた。

孫権に、「勝ち目がないなら、劉備はなぜ曹操に降伏しないのか」と問われて、こう答えた。
また、曹操の軍勢は遠征で疲れきっていること、北方の軍は水上戦に不慣れなこと、劉備軍は2万の精鋭をもつことなどを孫権に話した。

降伏派の大半は保身目的であること、降伏した場合、孫権が受ける不幸な境遇などデメリットを説く。
さらに前線から周瑜を呼び戻して意見を求めることを提案した。

赤壁の戦い
208年

連合軍の火攻めが曹操の大船団を焼き尽くす

圧倒的な兵力の差

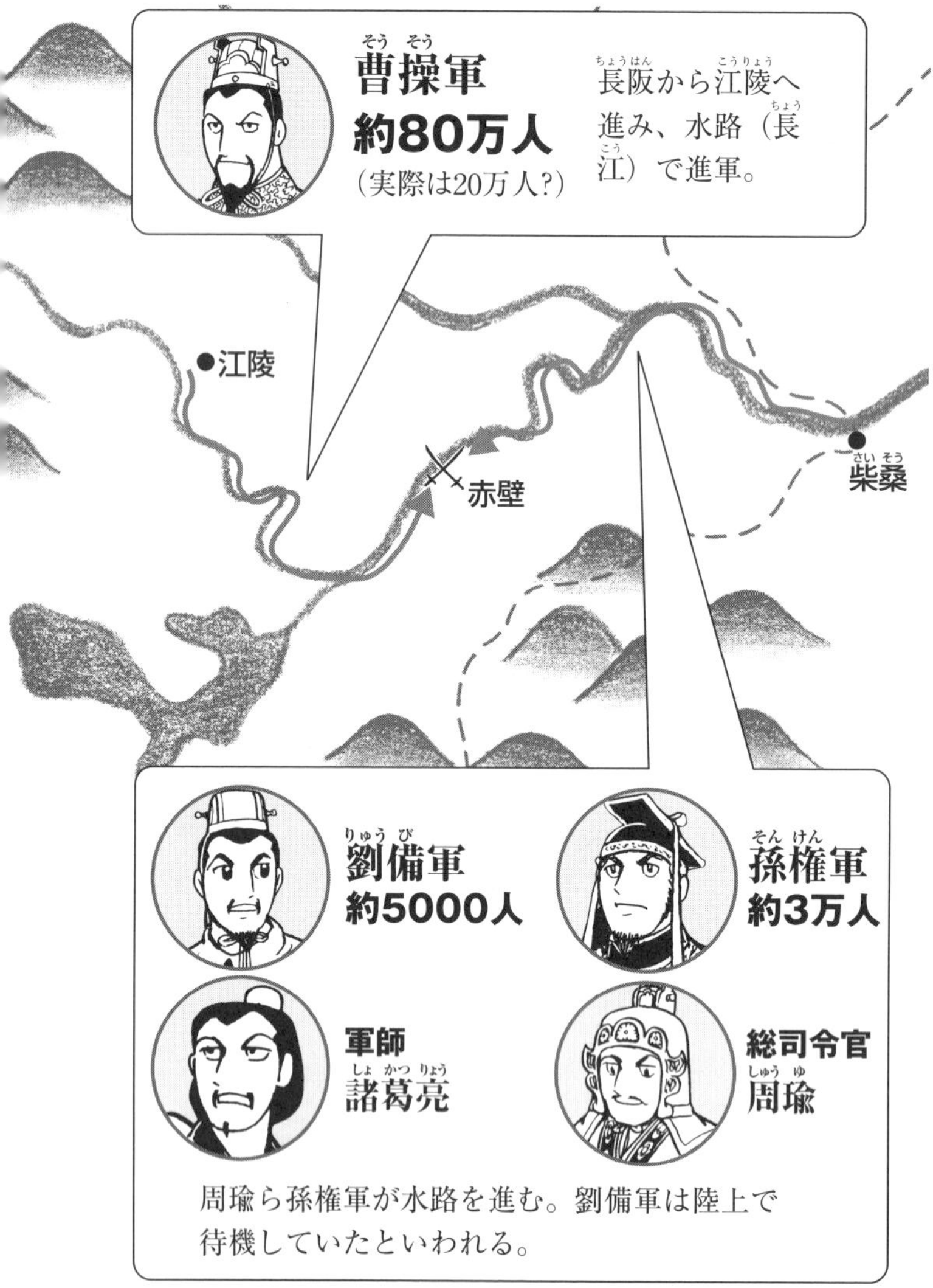
曹操《そうそう》軍
約80万人
（実際は20万人?）
長阪《ちょうはん》から江陵《こうりょう》へ進み、水路（長《ちょう》江《こう》）で進軍。
江陵
赤壁
柴桑《さいそう》
劉備《りゅうび》軍
約5000人
孫権《そんけん》軍
約3万人
軍師
諸葛亮《しょかつりょう》
総司令官
周瑜《しゅうゆ》
周瑜ら孫権軍が水路を進む。劉備軍は陸上で待機していたといわれる。

80万と号した曹操軍だが、実数は20万程度だったと推定される。古代中国では、自軍を強く見せるため、兵力を実際より多く宣伝することがあった（実数の10倍という記述も）。そう考えると、もっと少なかった可能性も……。

曹操の大軍にどう立ち向かうか……

曹操は、「水軍80万で呉の地へ向かう」と手紙を送って、呉の人々を恐れさせた。

映像化された「赤壁」

赤壁の戦いを大迫力で描く映画。『レッドクリフ PartⅡ－未来への最終決戦－』エイベックス・エンタテインメント／¥3,990　PartⅠとの2枚組もおすすめ。

陸上戦では無敵を誇る**曹操**《そうそう》軍だが、河の多い南方では勝手が違った。江《こう》東《とう》を攻めるには、中国大陸最長の河「長江《ちょうこう》」を渡り、さらに不慣れな水上戦を強いられるからである。**曹操**軍は船酔いと、不慣れな風土による疫病に悩まされていた。

周瑜《しゅうゆ》は3万の精鋭を率いて**劉備**《りゅうび》軍と合流し、長江を挟んで**曹操**軍と対峙。先制攻撃を仕掛けた。すると、**曹操**軍はもろくも潰走し、後退する。だが、**曹操**軍は依然として大軍を擁していた。

そこで、数で劣る連合軍は火攻めを計画。**曹操**軍の船団に、降伏を装った**周瑜**の部下である**黄蓋**《こうがい》の船が近づき、放火した。船団はたちまち燃え上がり、対岸の陣営をも焼く。**曹操**はたまらず退却を命じた。

十万本の矢

「三国志演義」の名シーン

諸葛亮《しょかつりょう》の作戦

敵から武器を集める

水上戦では、何よりも矢が必要になる。周瑜《しゅうゆ》は諸葛亮に難題を与えようと、「10万本の矢を10日で集めてほしい」と頼む。諸葛亮は「3日で十分」といい放ち、霧に乗じて藁《わら》を積んだ船団に乗り、曹操《そうそう》陣営に接近。曹操軍から大量の矢を射かけさせ、矢の回収に成功した。

正史は？ 孫権《そんけん》が似た状況に遭遇

「十万本の矢」は『三国志演義』の創作だが、『正史』の注に、似たエピソードがある。船で偵察に出た孫権が大量の矢を片舷に受けて船が傾いたため、反対側を敵に向けさせ、わざと矢を受けてバランスを取ったというものだ。

苦《く》肉《にく》の計

棒打ちの刑だ
ためらうな
打てっ

「三国志演義」の名シーン

周瑜の作戦

体を張って曹操をだます

孫権軍の黄蓋《こうがい》は、戦局を打開できない周瑜を諸将の前で罵《ののし》り、周瑜から鞭打ちの刑を受ける。恨みに思った黄蓋は、曹操に投降を申し出るが、これは周瑜と示し合わせた計略だった。はじめは疑った曹操だが、間者の報告などを聞き、信じることに。おかげで、投降のフリをして、曹操陣営を火攻めできた。

mini **人物伝**

黄蓋
こうがい

字《あざな》／公覆《こうふく》
生没年／?

〈武将〉

呉3代に仕えた将軍

孫堅《そんけん》、孫策《そんさく》、孫権の3人にしたがった名将。赤壁の戦いで火攻めを提案し、見事に勝利へ導いた。

弱い者を助け、兵の面倒見もよかったため、呉の多くの人々に慕われた。

ニセの手紙

「三国志演義」の名シーン

周瑜の作戦

スパイを逆手に取る

周瑜は、曹操のスパイとしてやってきた蔣幹《しょうかん》を逆用し、ニセの手紙を持ち帰らせる。手紙を信じた曹操は、水軍指令官の蔡瑁《さいぼう》が敵に通じているものと思い、処刑。周瑜は、労せずして曹操軍の戦力を削ぐことに成功。

連《れん》環《かん》の計

「三国志演義」の名シーン

龐統《ほうとう》の作戦

くさりで船を密集させる

孫権《そんけん》&劉備《りゅうび》軍は、客将だった龐統を曹操《そうそう》のもとに送る。龐統は曹操に「船同士をくさりでつなげば、船酔いを防げる」と進言。曹操はこれを採用したため、合戦の際、船団に瞬く間に火が燃え広がってしまった。

東南の風

「三国志演義」の名シーン

諸葛亮《しょかつりょう》の作戦

風向きを変える

火攻めの準備は整ったが、問題は風向きだった。東南の風が吹かなければ、火が自分たちを焼く恐れがある。そこで諸葛亮が「東南の風を吹かせてみせます」といい、祭壇《さいだん》を造らせて天に祈った。すると、見事に風が吹いた。

※最近の小説などでは、諸葛亮はこの時期に東南の風が吹く日があることを領民に聞いて事前に知っていた、という形でフォローされている。

関羽《かんう》、曹操を見逃す

ひさしぶりだのう
関羽よ　おまえが
ここにいる役目は
承知している
だが、昔おまえに
かけた恩を
思い出しては
くれないか
「三国志演義」の名シーン

赤壁で敗れた曹操は、北方へ退却。連合軍は追撃を加え、諸葛亮は曹操の退却路を予想し、伏兵を置いた。

落ち延びる曹操の前に、関羽が立ちはだかる。これで曹操の天命は尽きたかに見えた。しかし、関羽は以前、曹操に世話になった（P50）恩義を感じており、曹操を見逃した。諸葛亮は、それを承知で関羽を伏兵に置き、恩を返させたのだ。

孫権《そんけん》・劉備《りゅうび》連合軍が勝利。劉備は抜け目なく土地を得る

見事に勝利した連合軍だが、前線で**曹操**《そうそう》軍と戦ったのは**周瑜**《しゅうゆ》率いる**孫権**軍。**劉備**軍は数千の兵で参戦したに過ぎなかった。このとき、**劉備**の拠点には2万ほどの兵がいたはずだったが、正史では、**劉備**軍が赤壁《せきへき》でどんな活躍をしたのかわからない。はっきりしているのは、火攻めが成功した後、**周瑜**とともに**曹操**軍を追撃したことぐらいだ。

しかし、**劉備**は、この勝利をきっかけに足場を固める。赤壁の戦いの後、**曹操**と**孫権**が争っている間に荊《けい》州南部を手に入れてしまうのである。

このあたりの駆け引きは、さすがという他はない。

荊州争奪戦

210年前後

中国の心臓部をめぐり、曹操、孫権、劉備がぶつかる

荊《けい》州北部を周瑜《しゅうゆ》と曹仁《そうじん》が争う

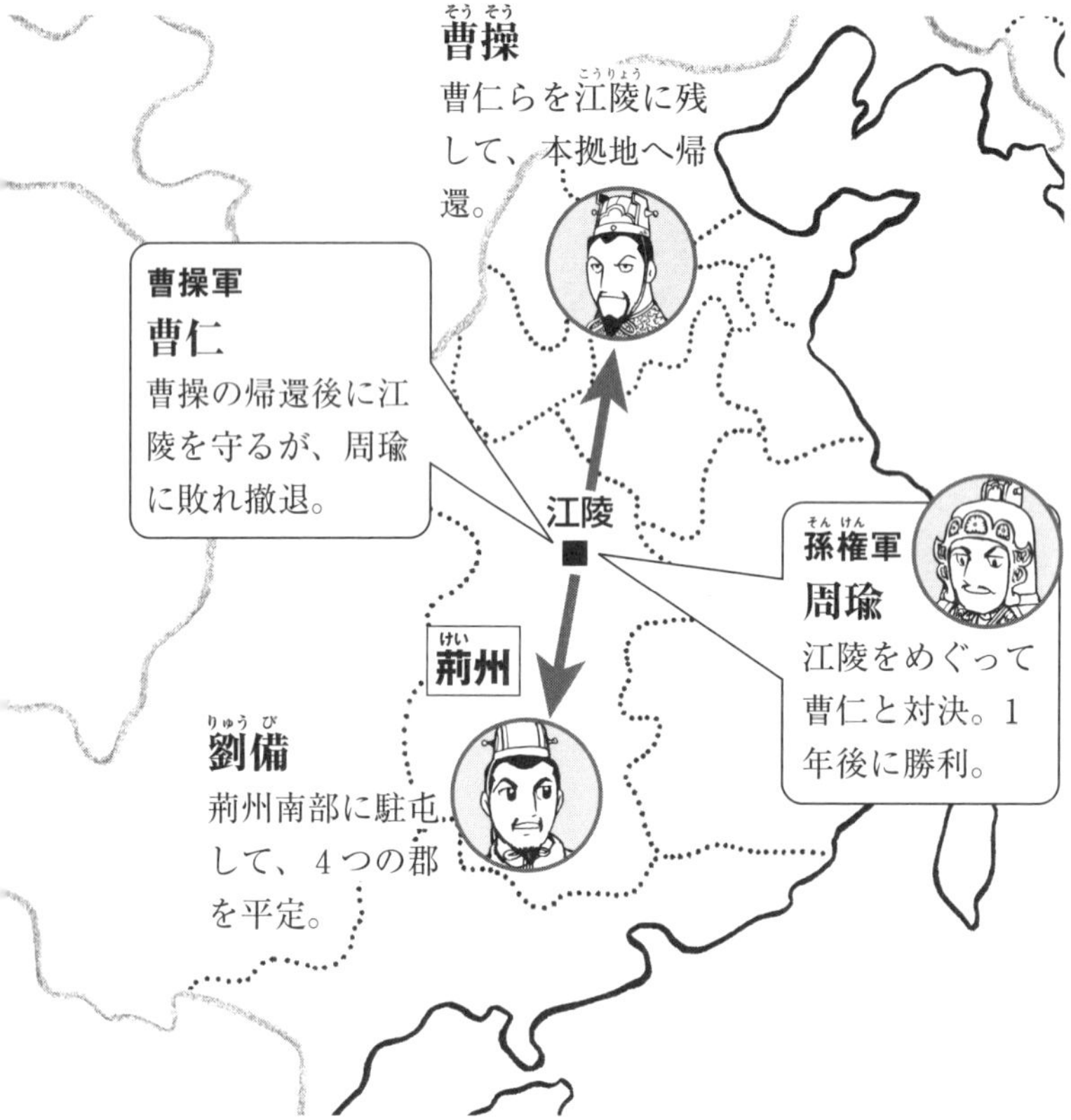
曹操《そうそう》
曹仁らを江陵《こうりょう》に残して、本拠地へ帰還。
曹操軍
曹仁
曹操の帰還後に江陵を守るが、周瑜に敗れ撤退。
江陵
孫権《そんけん》軍
周瑜
江陵をめぐって曹仁と対決。1年後に勝利。
荊《けい》州
劉備《りゅうび》
荊州南部に駐屯して、４つの郡を平定。

赤壁《せきへき》で苦杯をなめた**曹操《そうそう》**は、いとこの**曹仁《そうじん》**に後を任せ、本拠地へ退いた。勢いに乗じて荊《けい》州の奪取を狙う**周瑜《しゅうゆ》**は、**曹仁**の守る江陵《こうりょう》を攻撃。1年にもおよぶ戦いのすえ、みずから矢傷を負いながらも**曹仁**を退却に追い込み、南郡（江陵一帯）を平定した。

一方の**劉備《りゅうび》**軍も、この間に荊州南部の四郡を平定、大きく勢力を伸ばした。その後、**劉琦《りゅうき》**（**劉表《りゅうひょう》**の遺児）が死去し、**劉備**は地元の有力者にも推されて荊州の長官になる。徐《じょ》州を追われて以来、はじめて確固たる基盤を得たのである。また、荊州の地

荊州南部は劉備が治める

こうして
霊陵《れいりょう》、桂陽《けいよう》、武陵《ぶりょう》、
長沙《ちょうさ》の四郡は
劉備が平定した

にいた**黄忠**《こうちゅう》、**魏延**《ぎえん》、**馬良**《ばりょう》、**馬謖**《ばしょく》といったすぐれた人材を獲得した。

一度は確保した荊州南部を**孫権**《そんけん》と**劉備**に奪われた**曹操**は、以後、南征を控えざるを得なくなる。敗北の代償は大きかったといえよう。

荊州は、中国の心臓部に当たる地域。**曹操**、**孫権**、**劉備**の三者は、この先も荊州をめぐって争いを続けることとなる。

『三国志演義』では
劉備軍の見せ場のひとつ

『正史』には、四郡平定の詳細な記述はないが、『三国志演義』では、諸葛亮の作戦のもと、関《かん》羽《う》、張飛《ちょうひ》、趙雲《ちょううん》が大活躍する。

武芸が好きで男勝りな花嫁

孫権《そんけん》の妹は、兄に似て頭がよく、気も強い。刀をもった腰元を側に置いており、劉備《りゅうび》はいつもびくびくしていたという。

親子ほどの齢の差を超え 劉備《りゅうび》が孫権《そんけん》の妹と結婚する

赤壁《せきへき》の戦いの後、荊《けい》州南部を分け合う形となった**劉備**と**孫権**。そこで、**孫権**は妹を嫁がせ、**劉備**を懐柔しようと試みる。**劉備**も受け入れ、孫呉《そんご》の本拠地まで出向いて婚儀を行なうなど、親交を深めた。

だが、「協力して西の益《えき》州（蜀《しょく》）を攻めよう」との**孫権**の申し入れを**劉備**は一蹴。独立姿勢を貫き、益州を自力で獲る考えを示したのだ。その後も荊州の領有をめぐり両軍は、水面下で駆け引きを続けた。

しかし、その最中、**周瑜**《しゅうゆ》が36歳の若さで急死。大黒柱を失った孫呉は、**周瑜**の跡を継いだ**魯粛**《ろしゅく》に判断を委ねた。

呉の軍師が交代。劉備は荊州を得る

孫権軍の総司令官

周瑜

方針

対劉備を優先する

荊《けい》州と益《えき》州を手に入れ、曹《そう》操《そう》と天下を二分したうえで雌雄を決しようと考えていた（「天下二分の計」）。そのためには、劉備を倒すか、配下に取り込む必要があった。周瑜なくして実行不可能な戦略。

周瑜の死

210年、孫権軍を支えていた周瑜が病死。これは、劉備にとって幸運だった。周瑜は、劉備と同じように、荊州を足がかりに益州を獲ることをめざしていた。周瑜が本格的に劉備を攻撃すれば、曹操までもが再び矛先を向けてきたかもしれない。

新しい総司令官

魯粛

方針

対曹操を優先する

曹操の勢力が大きいので、まず天下を三分してその一方を担い、孫権が皇帝を名乗ることを進言（「天下三分の計」）。そのためには、劉備との提携が不可欠。赤壁以来の友好を維持し、彼に蜀を獲らせておいて、それから荊州を呉に返してもらおうと考える。

結果、「劉備が益州を獲るまで、荊州は劉備が治める」という約束が交わされ、一応の決着を見た。

※荊州の大部分は孫権軍が領有したが、劉備が一時的に借り受ける形になった。

関中の平定

211年

敗れても強大なる曹操、魏王朝の礎を築く

賢人を集め、宮殿を建てる

求賢令《きゅうけんれい》を発布

210年の春、身分や名声は問わない、才能が第一という人材の登用姿勢を打ち出す。要職につくには能力よりも人間性が重視された当時の中国では、類を見ない考えだった。

建安《けんあん》文学の開花

漢詩を中心とした文学を奨励。詩を文学の域にまで高め、旧来の型にとらわれない自由な気風をもったものに発展させた。この建安文学は、中国の文学史上でも重要視されている。

銅雀台《どうじゃくだい》を建造

曹操《そうそう》が当時の先端技術を駆使して造らせた大宮殿。『三国志演義』では、「ここに呉《ご》の二喬《にきょう》（孫策《そんさく》の妻大喬《だいきょう》と周瑜《しゅうゆ》の妻小喬《しょうきょう》）を侍らせたい」と曹操がいったとしている。

劉備《りゅう》と**孫権**《そんけん》が、荊州《けい》をめぐって駆け引きを続けている頃、**曹操**《そうそう》は新たな本拠地である鄴《ぎょう》に戻っていた。

赤壁《せきへき》で敗れたとはいえ、国力は依然として強大である。それを示すかのように、銅雀台《どうじゃくだ》という宮殿を建設。各分野に長じた人材を積極的に登用し、「建安《けんあん》文学」を花開かせ、着々と国づくりの基盤を固めた。

一方で、対外的には西へ兵を向けた。**董卓**《とうたく》が死んでから、残党が占拠していた長安《ちょうあん》周辺は「関中《かんちゅう》」と呼ばれ、捨て置けない要地であった。

関中を占拠していたのは**馬超**《ばちょう》、**韓**《かん》**遂**《すい》ら涼州《りょう》（中国北西部）出身の豪

「離間《りかん》の計」敵将の仲を裂く

これは韓遂《かんすい》殿が消されたのか
連合軍のリーダー
馬超《ばちょう》
いや最初からあちこち消され意味がわからぬ
連合軍のリーダー
韓遂

あやしい手紙を送りつける

曹操は韓遂と古い知り合いだったため、会談の席で笑いかけて、それを馬超らに見せた。また、曹操は韓遂にわざと消したり書き改めた書簡を送り、韓遂が改訂したように見せかけた。こうした計で馬超らは、韓遂への疑いを深め、指揮系統が混乱。曹操が勝利した。

三国志note

魏《ぎ》はいつ建国されたの？

関中平定後の213年、曹操は献帝《けんてい》に功績を賞され、「魏公」に任じられた。さらに3年後には「魏王」に就任。この時点では後漢《ごかん》の皇帝（献帝《けんてい》）は健在。正式に「魏」という国が誕生するのは息子曹丕《そうひ》の代である。

ただ、後漢皇帝の治める国内ではあるが、曹操がひとつの国の「王」（皇帝より格下だがそれに近い存在）に任命されたことで、事実上、三国の一角「曹魏《そうぎ》」はこのときに興ったといえる。

族で、反**曹操**の旗をあげていた。その数は約十万。**曹操**は騎兵を巧みに操る彼らに苦戦するが、得意の策略で突き崩して討伐。関中を平定する。

劉備は益州へ

211～212年

西からの招きに応じて、劉備、いよいよ蜀へ侵攻する

益《えき》州が劉備《りゅうび》を招く

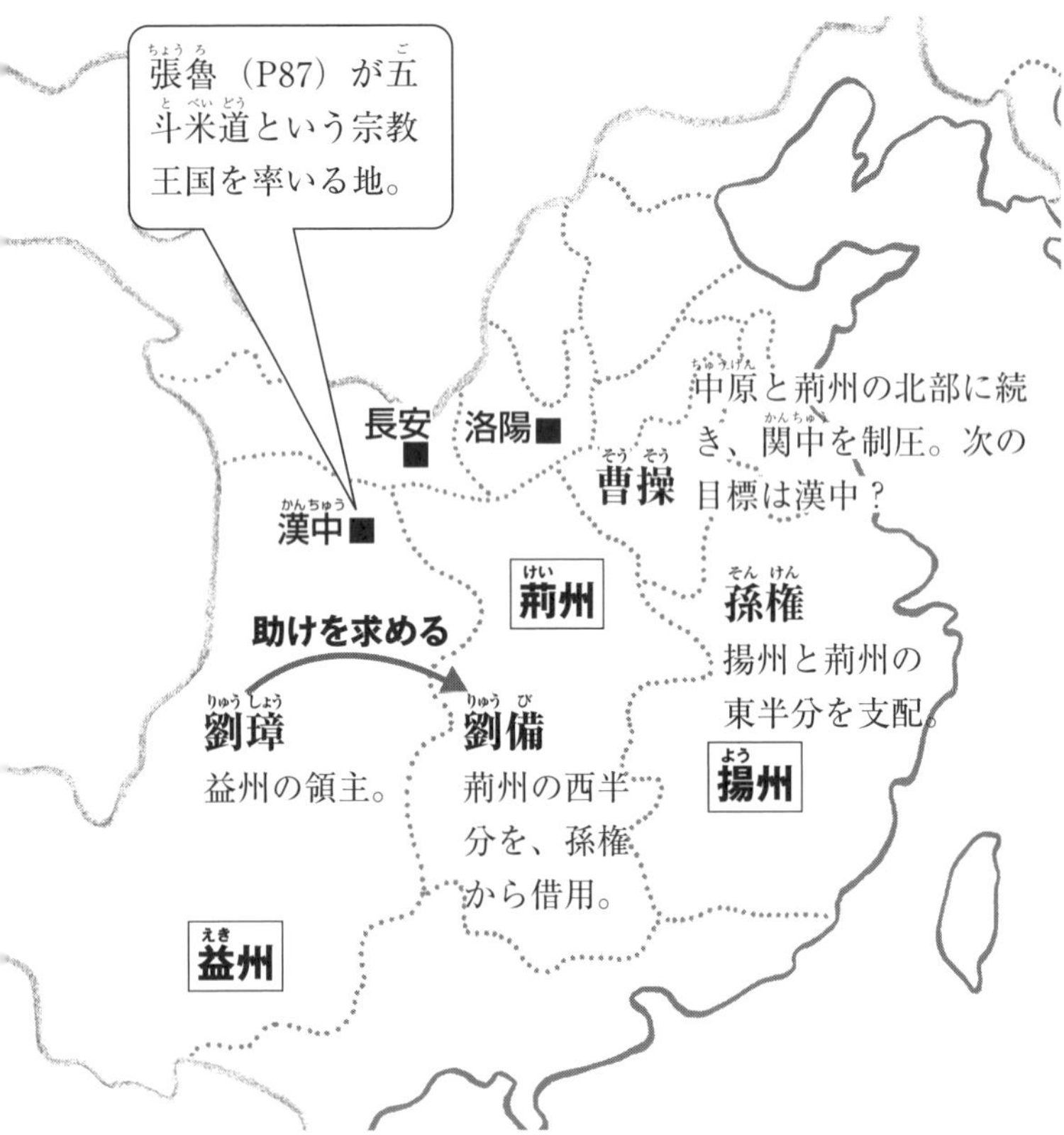

張魯《ちょうろ》（P87）が五《ご》斗米道《とべいどう》という宗教王国を率いる地。
長安
洛陽
漢中《かんちゅう》
曹操《そうそう》
中原《ちゅうげん》と荊州の北部に続き、関中《かんちゅう》を制圧。次の目標は漢中？
荊《けい》州
孫権《そんけん》
揚州と荊州の東半分を支配。
助けを求める
劉璋《りゅうしょう》
益州の領主。
劉備《りゅうび》
荊州の西半分を、孫権から借用。
揚《よう》州
益《えき》州

諸葛亮《しょかつりょう》が唱える「天下三分の計」実現に向け、次に**劉備**《りゅうび》がなすべきは、西の益《えき》州（蜀《しょく》）を獲ることであった。

益州は、**劉璋**《りゅうしょう》が治めていたが、彼は君主としての資質も、政治力も欠けていた。そんな折、**曹操**《そうそう》が関中《かんちゅう》を平定し、蜀の入り口にあたる漢中《かんちゅう》を攻撃しそうな動きを見せる。**劉璋**はこれを恐れ、家臣のすすめもあって、**劉備**を援軍として招くことにした。

援軍要請には**法正**《ほうせい》、**張松**《ちょうしょう》ら**劉璋**の参謀が派遣された。彼らは**劉璋**を見限って、**劉備**を新たな益州の主に迎えようと画策していた。

劉備は当初、大義名分もなく益州

益州の家臣は真っ二つ

反劉璋派

主な人物
張松《ちょうしょう》　法正《ほうせい》

「頼りない劉璋に代わって益州を治める人が必要だ」と考えていた。張松は、使者として曹操のもとへ行くが、相手にされない。そのため、曹操の悪口を劉璋に伝え、劉備と手を組んで外敵や内乱を防ぐよう進言した。

劉璋派

主な人物
王累《おうるい》　張任《ちょうじん》

「劉備を益州に入れては、国を乗っ取られるに決まっている」と反対。王累などは城門に自分の体を逆さ吊りにしていさめたが、劉璋は聞かなかった。また、張任という将は、劉備軍と最後まで戦い、降伏せず斬首を望んだ。

劉璋様
劉備を迎えたら
益州は
乗っ取られます
お聞き入れないなら
縄を切り、頭をくだいて
死ぬ覚悟です

体を張った忠告を聞き入れてもらえなかった王累は、地に下りて自害した。

を乗っ取ることを渋っていた。だが、**法正**や**張松**をはじめ、この頃**劉備**に仕えた**龐統《ほうとう》**の進言により、ついに益州への進撃を決断した。

劉備が蜀を乗っ取り ついに「天下三分」なる

劉備《りゅうび》の益州《えきしゅう》（蜀《しょく》）侵攻ルート

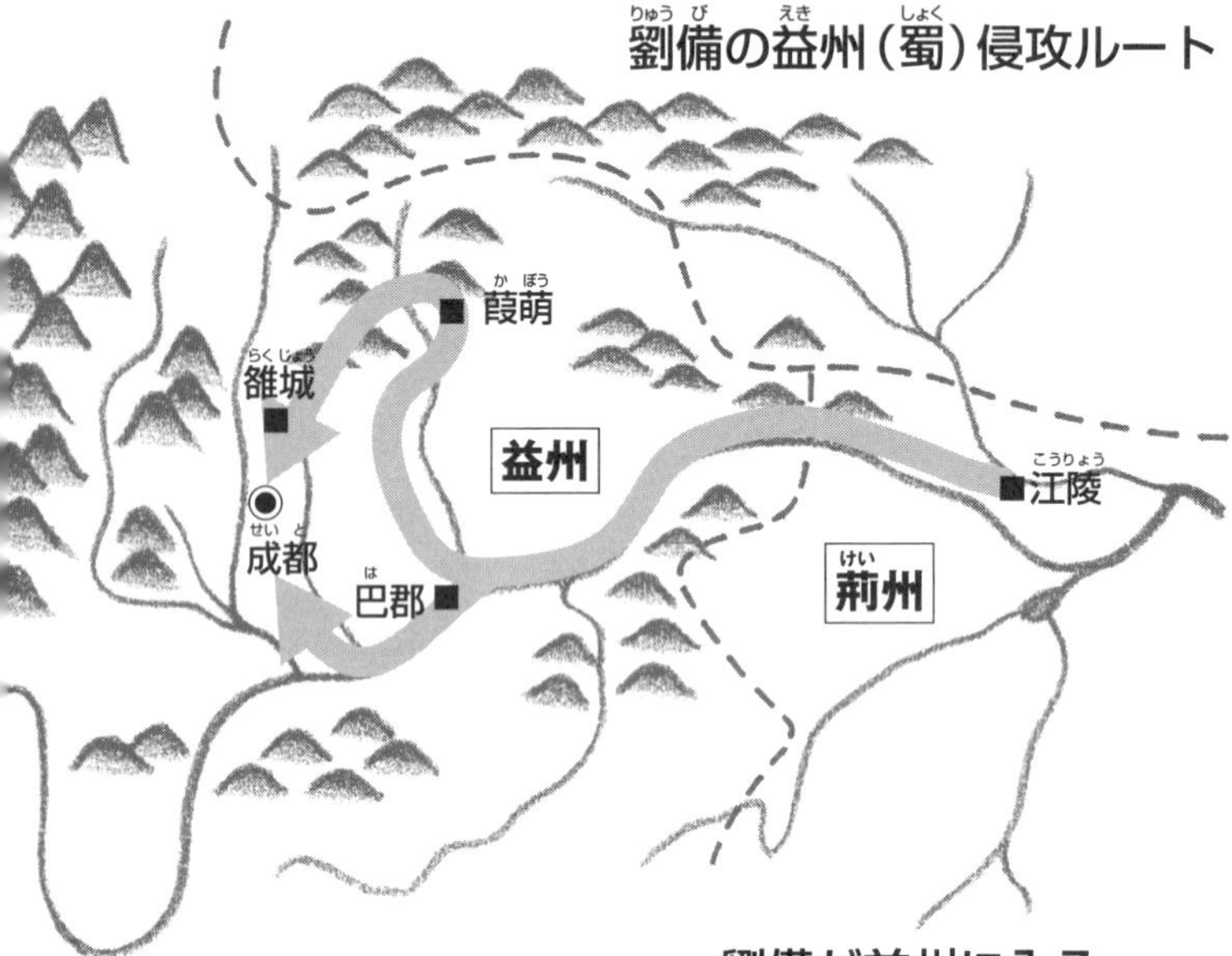
葭萌《かぼう》
雒城《らくじょう》
益州
成都《せいと》
巴郡《は》
江陵《こうりょう》
荊州《けい》

劉備が益州に入る
龐統《ほうとう》、法正《ほうせい》を軍師とし、黄《こう》忠《ちゅう》や魏延《ぎえん》など荊州で加わった武将を連れて出陣。関羽《かんう》、張飛《ちょうひ》、諸葛亮《しょかつりょう》らは荊州の守備に残した。

領主に歓迎される
援軍として益州へ入った劉備一行は、劉璋の手厚い歓待を受ける。宴会は100日あまり続いたという。

いますぐ 劉璋《りゅうしょう》を 捕らえ ましょう

このとき法正や龐統は、劉璋暗殺をすすめるが、劉備は「事は重大だ。あわてるな」と退けた。

益《えき》州へ進軍した**劉備**《りゅうび》は、**劉璋**《りゅうしょう》から歓迎を受けた後、**張魯**《ちょうろ》討伐を頼まれ前線の葭萌《かぼう》へ移動する。しかし戦わず、そこで蜀《しょく》平定の機をうかがう。

そのとき、**曹操**《そうそう》が**孫権**《そんけん》を攻めたため、**孫権**から同盟中の**劉備**に救援要請がきた。これを機に**劉璋**と袂《たもと》を分かった**劉備**は、ついに行動を起こし、成都《せいと》へと侵攻する。

劉璋軍は激しい抵抗を示し、戦いは1年以上も続いた。成都を包囲した頃、**馬超**《ばちょう》が**劉備**軍に加わった。**馬超**の武勇と威光は、益州にも轟《とどろ》いていたため、成都城内は大混乱に陥り、ほどなく**劉璋**が降伏した。

劉備は益州を獲得。さらに新たな人材を得て、**曹操**、**孫権**と肩を並べる存在となったのである。

北方に駐屯する

漢中《かんちゅう》に勢力を張る張魯《ちょうろ》を討伐するため、北へ向かう。しかし、ここでは戦わず民衆を手なずけ、蜀占領に向けての準備を進める。

劉備と劉璋が仲たがいする

劉備は劉璋に援軍を頼むが、半分の兵しか寄越してもらえず、憤慨する。一方、配下の者が劉備と通じていることを知った劉璋も激怒。

下策は
とりたくない
だが、最上の策は
危険すぎる

龐統が授けた3つの提案

最上の策

益州の都（成都）に攻め入る。

次善の策

荊州に帰るフリをして、見送りにきた益州軍を奪い取り、成都に進軍する。

下の策

撤退して、荊州の守りを固める。

益《えき》州の攻略を決意する

劉璋《りゅうしょう》は全軍に「劉備《りゅうび》とは関わるな」と命じる。そこで劉備は、ついに益州攻略の行動を起こした。

益州の都をめざす

成都《せいと》へと向けて侵攻を開始。荊《けい》州に留まっていた諸葛亮《しょかつりょう》、張飛《ちょうひ》、趙雲《ちょううん》らも益州へ攻め込ませる。

劉備の軍師として大きくはばたこうとしていながらその才能を発揮することなくこの世を去ったこのとき龐統《ほうとう》は30代半ばであった

龐統が死んだと…

軍師の龐統が戦死する

劉璋軍の抵抗にあい、苦戦が続く。雒城《らくじょう》では1年にもおよぶ包囲戦が続き、その最中、龐統が流れ矢に当たって亡くなった。

mini **人物伝**

張魯 ちょうろ

〈宗教家〉

字《あざな》／公祺《こうき》

生没年／?

道教の教祖として立つ

五斗米道《ごとべいどう》という当時の新興宗教の3代目として立ち、これを発展させた。五斗米道は、現代の道教の元祖とされている。多数の信徒を兵としてしがたえ漢中を支配し、益州を治める劉璋に脅威を与えていた。

劉璋殿、この馬超
劉備の軍門に降った
貴殿も降伏なされ

次々と要所を攻略する

荊州軍が各地を平定。とくに張飛の活躍はめざましく、敵将の厳顔《げんがん》を生け捕りにしたのをはじめ、通過する場所すべてで勝利を収めたという。

成都を包囲する

劉備本隊もようやく雒城を落とし、諸葛亮らと合流して成都を包囲。包囲戦は数十日におよんだ。

馬超《ばちょう》が劉備軍に参加する

この頃、関中《かんちゅう》で曹操《そうそう》に敗北した馬超が、漢中《かんちゅう》の張魯のもとにいた。張魯と不仲になった馬超は、軍勢を率いて劉備のもとへ走り、その配下に加わった。

ついに益州(蜀《しょく》)を獲得する

ここに至り、劉璋が降伏。劉備たちは成都に入城した。諸葛亮の描いた天下三分の計が実現する。

column

詩を吟じ心を通わせた

豆《まめ》を煮《に》て以《もっ》て羹《あつもの》を作《つく》り
菽《まめ》を漉《こ》して以《もっ》て汁《しる》と為《な》す
萁《まめがら》は釜下《ふか》に在《あ》りて燃《も》え
豆《まめ》は釜中《ふちゅう》に在《あ》りて泣《な》く
本自《もと》　根《ね》を同《おな》じくして
　生《しょう》ぜしに
相《あい》煎《い》ること
何《なん》ぞ太《はなは》だ急《きゅう》なるや

意味

豆を煮て吸い物を作るのに、豆がらを燃やす。煮えくりかえる釜の中で、豆が、豆がらに訴える。わたしたちは同じ根っこ（母親）から生まれたというのに、お兄さん、どうしてこんな酷いことをなさるのですか。

絶体絶命のピンチを詩が救う

　曹操《そうそう》の息子曹植《そうしょく》は、抜群の詩才をもって知られ、曹操の寵愛を一身に集めていた。曹植の兄曹丕《そうひ》は弟の文才を妬み、曹操の死後、魏《ぎ》王になると、難癖をつけて曹植を殺そうと思った。

「そなたの詩は代作ではないか。われわれ兄弟にちなみ、この場で７歩、歩く間に、兄弟を詠った詩を兄弟の２字を使わずに作ってみよ。できぬなら命をもらう」

　曹丕や臣下たちが息を詰めて見守るなか、曹植が作ったのがこの詩。曹丕は胸打たれて殺害を思いとどまった。これは『三国志演義』でよく知られたエピソード。詩の本当の作者は不明だ。

第三部

三国は統一へ

三国が並び立ち
国同士の争いが激化する
勝ち抜くのはどの国か
英雄たちの最後は……

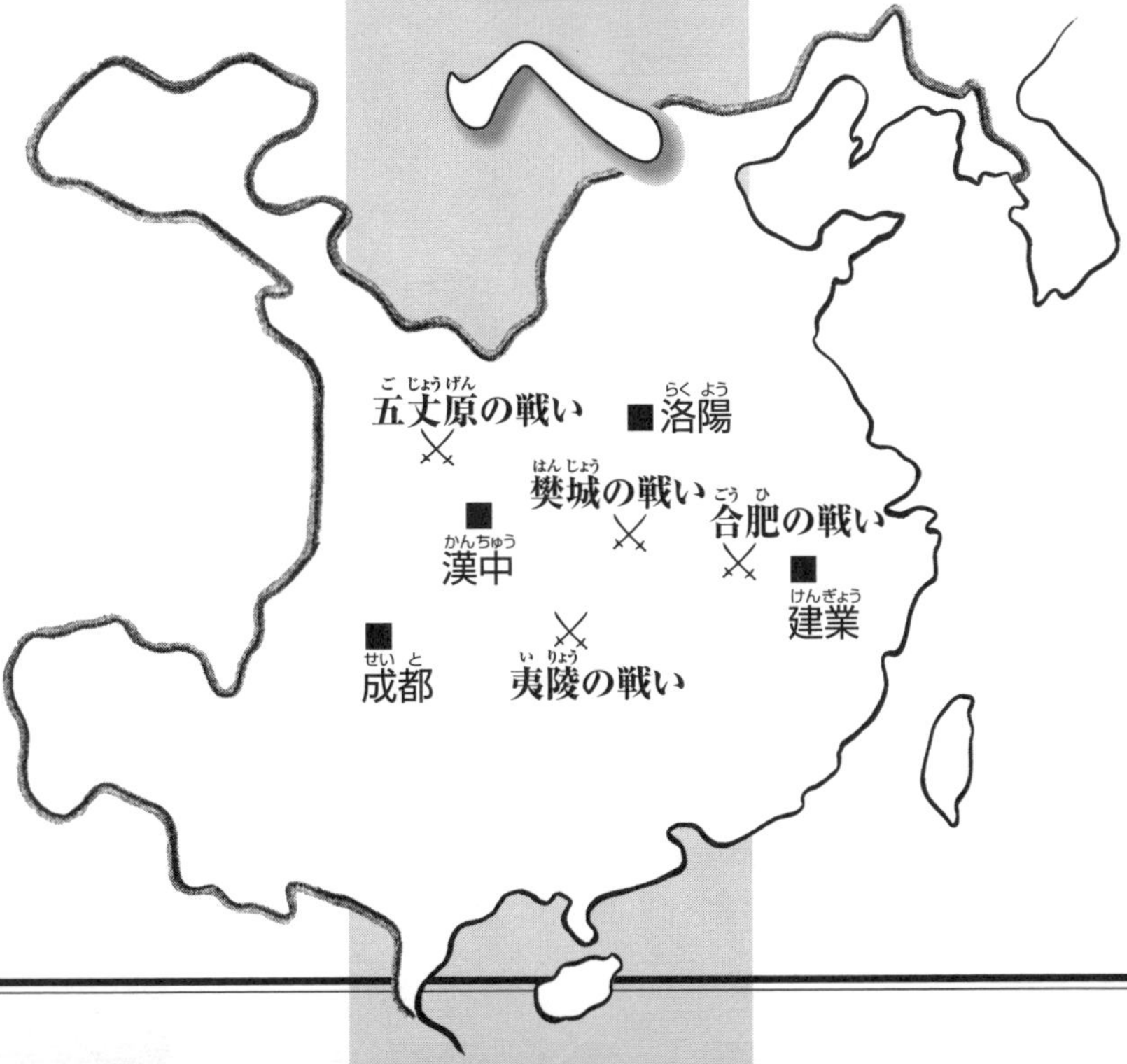

五丈原《ごじょうげん》の戦い
洛陽《らくよう》
樊城《はんじょう》の戦い
合肥《ごうひ》の戦い
漢中《かんちゅう》
建業《けんぎょう》
成都《せいと》
夷陵《いりょう》の戦い

216～280年
魏・蜀・呉、三つ巴の争いのすえ晋王朝が誕生する

あらすじ

劉備《りゅうび》は益州《えきしゅう》（蜀《しょく》）を得て、**曹操**《そうそう》、**孫権**《そんけん》と肩を並べる一国の主となった。しかし、まもなく**曹操**が、続いて**劉備**もこの世を去る。魏《ぎ》は**曹丕**《そうひ》ら子孫が跡を継ぎ、蜀は**劉備**の志を受け継いだ**諸葛亮**《しょかつりょう》が全軍の指揮を担う。**孫権**は依然健在で、魏と蜀を相手に、巧みな外交術でわたり合っていく。天下が三分したことで、勢力同士の争いは、国と国との大規模な戦争へと変化する。「漢《かん》王朝再興」という**劉備**の思いを**諸葛亮**が受け継ぎ、大国・魏に挑戦を重ねる展開は、いよいよ三国志のクライマックスといえる。

曹操《そうそう》
臣下
曹丕《そうひ》
父の跡を継ぎ、魏の初代皇帝へ。
同盟

孫権《そんけん》
臣下
魯粛《ろしゅく》
呂蒙《りょもう》
周瑜《しゅうゆ》、魯粛に続き、総司令官に。関羽を討つ。
陸遜《りくそん》
呂蒙の死後、呉の軍事を一任される。

登場人物相関図

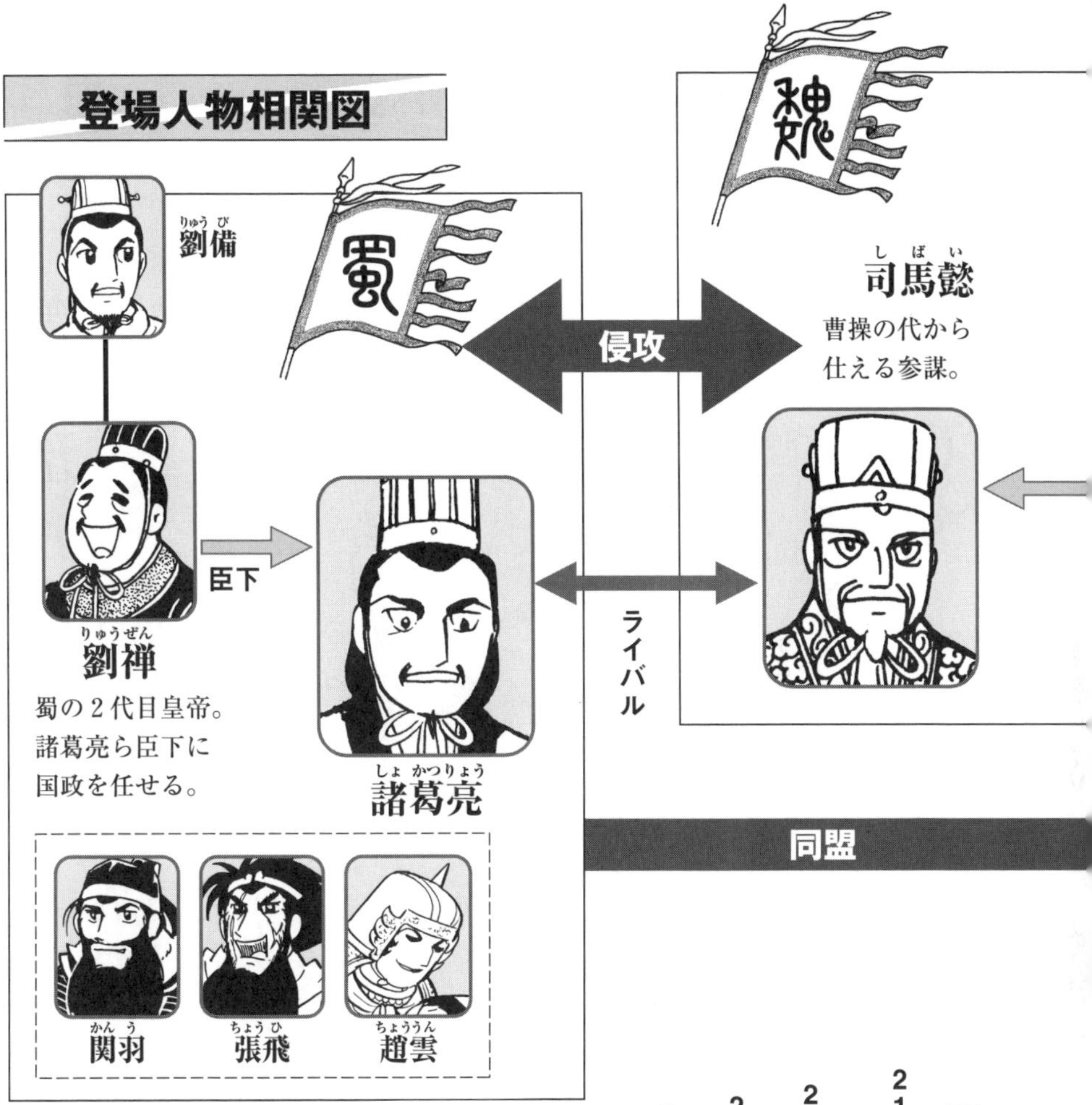

蜀
魏
劉備《りゅうび》
劉禅《りゅうぜん》
蜀の２代目皇帝。
諸葛亮ら臣下に
国政を任せる。
臣下
諸葛亮《しょかつりょう》
関羽《かんう》
張飛《ちょうひ》
趙雲《ちょううん》
侵攻
ライバル
同盟
司馬懿《しばい》
曹操の代から
仕える参謀。

三国志年表

- ２１６年　曹操が魏王になる
- ２１９年　関羽が討たれる
- ２２０年　曹操が病死。漢王朝の禅譲を受け、曹丕が皇帝に即位（魏の成立）
- ２２１年　劉備が皇帝に即位（蜀の成立）
- ２２２年　孫権が魏と絶縁
- ２２３年　劉備が病死
- ２２５年　諸葛亮、南方征伐
- ２２８年　諸葛亮、北方（魏）征伐を開始
- ２２９年　孫権が皇帝に即位（呉の成立）
- ２６３年　劉禅（蜀）が魏に降伏する
- ２６５年　魏の禅譲を受け、司馬炎《しばえん》が皇帝に即位（晋の成立）
- ２８０年　呉が晋に降伏。中国が統一される

荊州問題

215年

「荊州を返せ」しぶる劉備に孫権が怒る

三者の思惑がぶつかる

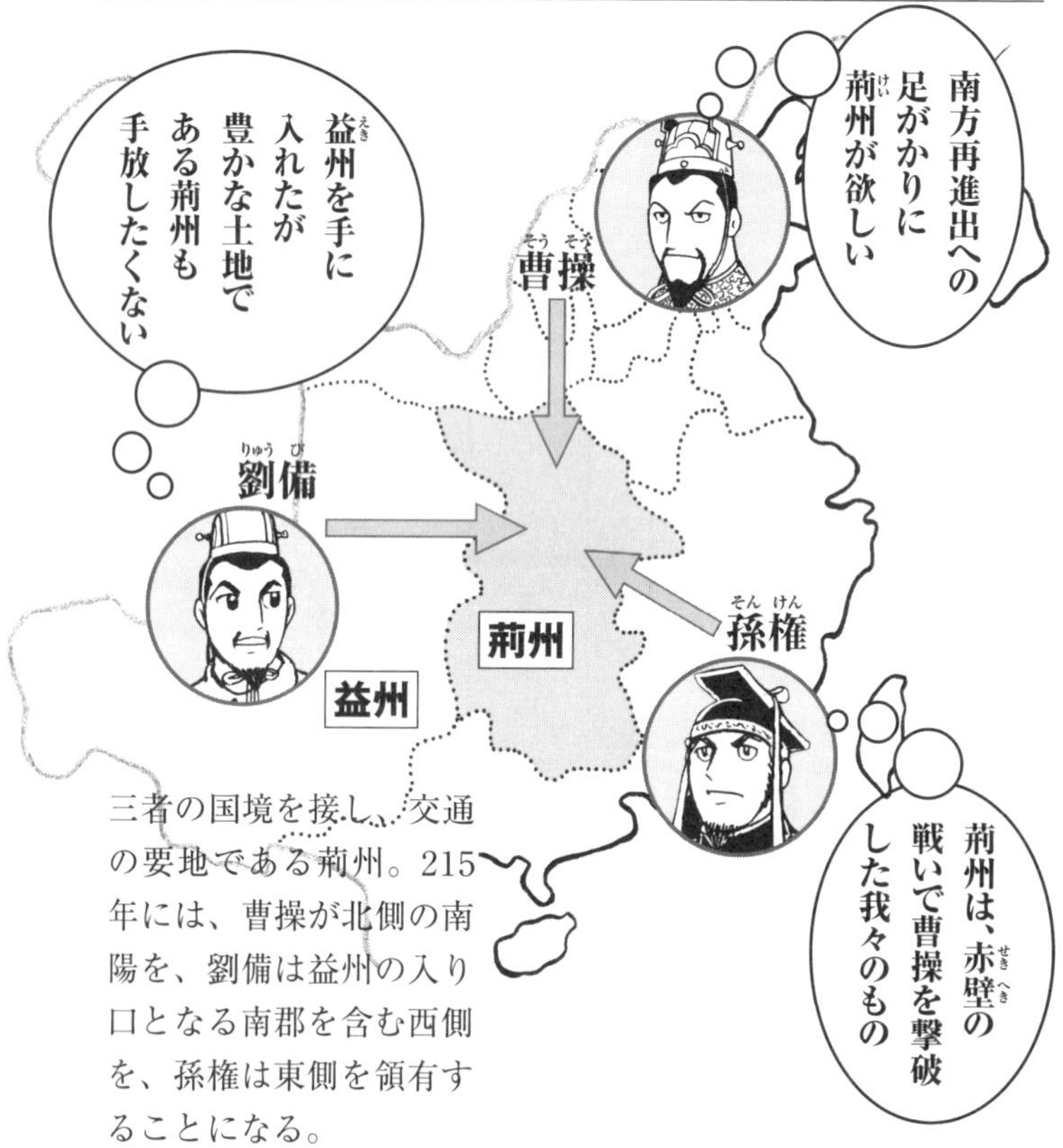

南方再進出への足がかりに荊州《けい》が欲しい
曹操《そうそう》
益《えき》州を手に入れたが豊かな土地である荊州も手放したくない
劉備《りゅうび》
荊州
益州
孫権《そんけん》
荊州は、赤壁《せきへき》の戦いで曹操を撃破した我々のもの

三者の国境を接し、交通の要地である荊州。215年には、曹操が北側の南陽を、劉備は益州の入り口となる南郡を含む西側を、孫権は東側を領有することになる。

益《えき》州の乗っ取りに成功した**劉備**《りゅうび》。それを見届けた**孫権**《そんけん》は、荊《けい》州を返還するよう**劉備**に要求する。「益州を手に入れたら、荊州は**孫権**に返す」と約束をしていたからだ。

ところが、**劉備**はこれを拒否。「涼《りょう》州を手に入れたら返します」と、期日の見込みもない延期を要求した。怒った**孫権**は兵を荊州に送り、**劉備**も応戦。両軍は一触即発となる。

しかし、その頃**曹操**《そうそう》が益州の北にある漢中《かんちゅう》を攻略。危機感を抱いた**劉備**は、**孫権**との仲を修復するため、荊州の東部を返上。これで**孫権**も引き下がり、ひとまず決着がついた。

「三国志演義」の名シーン

単《たん》刀《とう》赴《ふ》会《かい》

関羽《かんう》の威風が、魯粛《ろしゅく》を圧倒する

荊州の領有について、両軍の代表が会見を行なった。劉備軍の関羽は、会談の場に刀一本で乗り込む。一方の孫権軍の魯粛は、関羽がゴネた場合、武力で脅そうと伏兵を置いた。しかし、魯粛が関羽の人質にとられたため、伏兵も手が出せなかった。

さぁ 魯粛どの 船まで見送りを お願いいたす

正史は？ 関羽と魯粛の立場は真逆

「荊州は、落ち延びてきた劉備に当方が貸し与えたもの。益州を得たにもかかわらず、返さないのは道理に反する」と魯粛は関羽を説き伏せ、理詰めで問いつめる。さすがの関羽も言い返せず、要求をのんで下がるしかなかった。

三国志note

「ひげ」を見れば誰だかわかる

『三国志演義』はもちろん『正史』でも、顔や体格など容姿に関する記述は少なくない（第四部の人物伝参照）。

とりわけ印象的なのは、「美髯公《びぜんこう》」と名高い関羽のひげ。見事なほおひげはトレードマークといえる。諸葛亮が関羽に送った手紙で「ひげ殿」と呼びかけていたり、『三国志演義』では献帝《けんてい》が長く美しい関羽のひげを見て「まことに美髯公だ」とたたえている。

孫権の「紫髯《しぜん》（赤ひげ）将軍」や、曹彰《そうしょう》（曹操の四男）の「黄髯《こうぜん》」など、ひげがそのままニックネームになっている例もある。

魏呉の対決
（合肥の戦い）
209～217年

北の曹操と南の孫権。国境をめぐり、戦を繰りかえす

4度におよぶ合戦

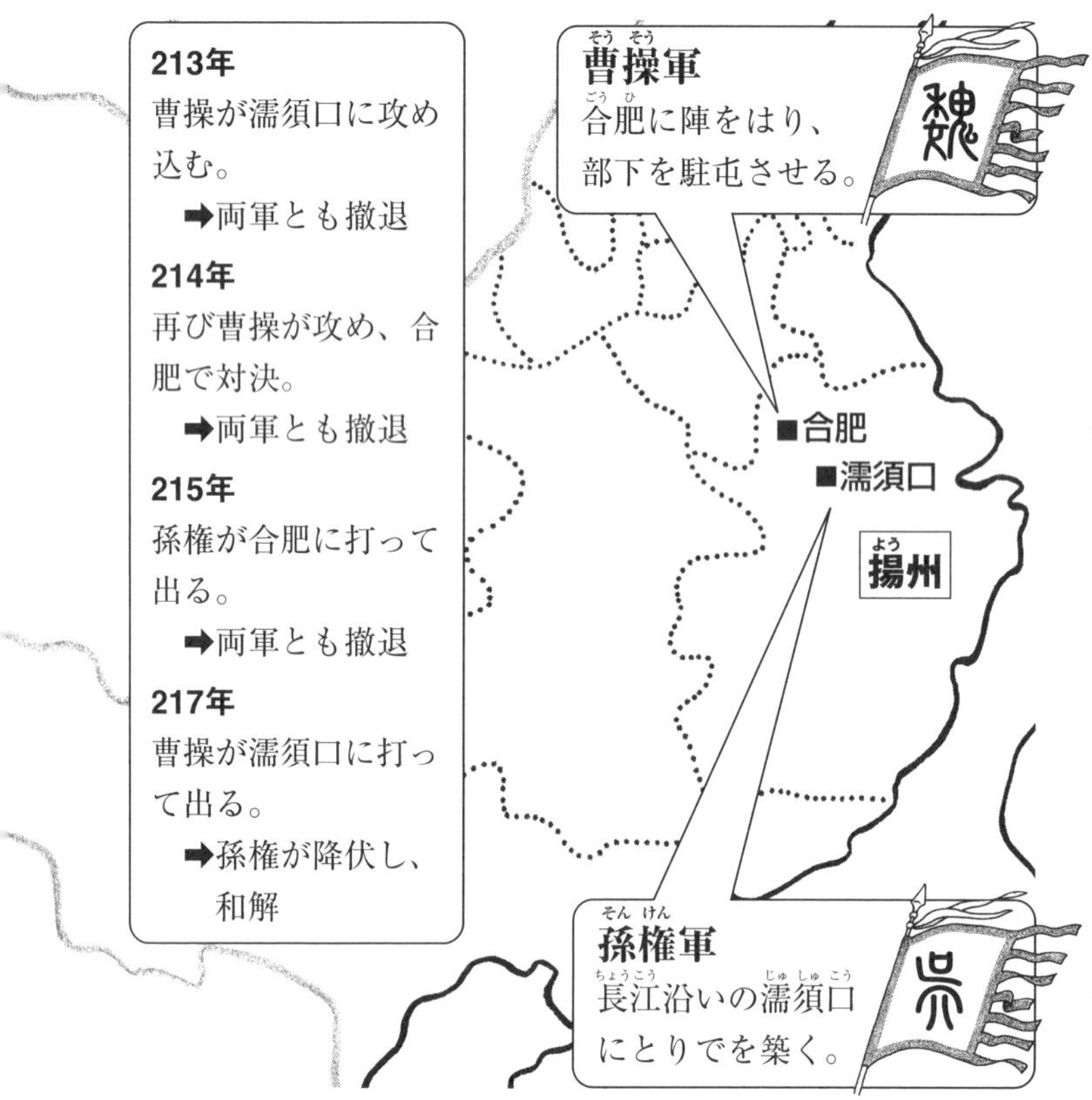

213年
曹操が濡須口に攻め込む。
➡両軍とも撤退
214年
再び曹操が攻め、合肥で対決。
➡両軍とも撤退
215年
孫権が合肥に打って出る。
➡両軍とも撤退
217年
曹操が濡須口に打って出る。
➡孫権が降伏し、和解
曹操《そうそう》軍
合肥《ごうひ》に陣をはり、部下を駐屯させる。
魏
■合肥
■濡須口
揚《よう》州
孫権《そんけん》軍
長江《ちょうこう》沿いの濡須口《じゅしゅこう》にとりでを築く。
呉

曹操《そうそう》と**孫権**《そんけん》の争いは、「赤壁《せきへき》の戦い」の後も激しく続いた。その舞台となったのが、両軍の前線基地ともいえる揚《よう》州の地。**曹操**は合肥《ごうひ》に、**孫権**は濡須口《じゅしゅこう》に城砦をつくり、にらみ合っていた。

両軍が本格的にぶつかったのは213年。**曹操**はこの前年、**馬超**《ばちょう》らの関中《かんちゅう》連合軍を破っており、再び南方へ兵力を集中させた。**孫権**は、これを食い止めようと濡須口へと出陣。攻め寄せる**曹操**軍に対し、みずから前線に出て戦う。しかし互いに決め手がなく、両軍とも退いた。

215年には、**劉備**《りゅうび》との荊《けい》州問

孫権は命からがら逃げ出した
呉

215年「先手必勝」曹操軍の勝ち

曹操が不在のため張遼《ちょうりょう》が約７千で合肥城を守る。10万もの孫権軍が押し寄せてくると、曹操の指示書にしたがい、張遼は800名の決死隊を組織。本陣めがけ奇襲をかけ、孫権を追いつめる。孫権はかろうじて逃れ、撤退。

ひとまず和解するか

題に一応の決着をつけた**孫権**軍が攻撃に転じたが、**張遼**《ちょうりょう》らの守る合肥の守りは固く、やむなく撤退する。

翌年も激しい戦いを展開。**孫権**は自軍が物量的に不利と知り、また荊州にも目を向けなければならなくなり、２１７年、**曹操**に降伏を申し出る。**曹操**もこれを受け入れ、**曹操**の存命中は、両軍の戦いはひとまず収まった。

魏蜀の対決
（漢中争奪戦）
217～219年

劉備がはじめて曹操に勝ち〝漢中王〟を名乗る

漢中《かんちゅう》は劉備《りゅうび》が熱望した土地

漢中という土地は、益《えき》州と中央を結ぶ交通の要所（中原《ちゅうげん》への入り口）。かつて漢《かん》王朝を興した劉邦《りゅうほう》が拠点としたのもこの地であり、漢の復興を志す劉備にとって、ここを支配することは宿願であった。

曹操《そうそう》
せっかく手にした漢中は渡さない！
漢中
益州
劉備
中原《ちゅうげん》侵攻のため絶対に漢中を手に入れたい！
217年
劉備軍が漢中へ出撃。
218年
劉備軍が、曹操軍に敗れ退却。
219年
定軍山《ていぐんざん》にて、劉備軍が曹操軍に勝利。

益《えき》州を奪い、中央進出を狙う**劉《りゅう》備《び》**にとって、漢中《かんちゅう》は何としても欲しい土地であった。しかし、漢中は215年に**曹操《そうそう》**の手に落ちていた。

そこで、荊《けい》州を**孫権《そんけん》**と分け合い和睦した**劉備**は、軍師の**法正《ほうせい》**や、**張《ちょう》飛《ひ》**、**趙雲《ちょううん》**、**黄忠《こうちゅう》**らをしたがえて漢中に攻め入る。漢中を守るのは**夏侯《かこう》淵《えん》**、**徐晃《じょこう》**といった**曹操**軍の名将。

両軍は、一進一退の攻防を繰り広げたが「定軍山《ていぐんざん》の戦い」で、**黄忠**が**夏侯淵**を討ち取って当地の支配を固め、**劉備**軍が優勢となる。

夏侯淵を討たれたと知った**曹操**は、大軍を率いて駆けつけたが、**劉備**軍

「空城の計」ひとりで曹操軍を撃退

曹操軍 vs 劉備軍（趙雲《ちょううん》）

危機に陥った黄忠《こうちゅう》を、わずかな手勢で救出に向かった趙雲が、曹操軍とはち合わせてしまう。なんとか囲みを突破し、城まで撤退した趙雲は、追いかけてくる敵を、城門を大きく開けて待ち受けた。

城門をすべて開けると
趙雲（子龍《しりゅう》）はただ一騎
吊り橋の上に立ちはだかった

「子龍は一身すべて、肝っ玉だ」

ひっそりとした城、開かれた門に警戒した曹操軍は、伏兵をうたがい、後退を始める。すかさず趙雲らが城から矢を射かけ撃退した。

翌日、話を聞いた劉備は、趙雲の大胆な作戦をほめ、大いにねぎらった。

の堅い守りに攻めあぐね、戦いは数カ月におよんだ。そのうち、**曹操**は「鶏肋《けいろく》」（漢中は鶏のアバラのようなもので、捨てるには惜しいが利益は薄い）との言葉を残し、撤退。

劉備は漢中の支配に成功し、群臣の推挙により、「漢中王《かんちゅうおう》」の座についた。

劉備軍の絶頂

219年

劉備と関羽の快進撃。曹操、孫権が恐れをなす

劉備《りゅうび》が**曹操**《そうそう》から漢中《かんちゅう》を奪ったのと時を同じくして、荊《けい》州を守備していた**関羽**《かんう》も動いた。**曹操**軍の重要な拠点である樊城《はんじょう》に攻め込んだのである。

城を守っていたのは名将**曹仁**《そうじん》。**曹操**は**曹仁**への援軍として、**于禁**《うきん》と**龐**《ほう》**徳**《とく》を派遣するが、**関羽**は水陸両軍を使って撃破。**龐徳**を斬り、**于禁**を降伏させ、樊城を包囲する。

関羽の勢いに、荊州北部の守将や豪族らが呼応し、**曹操**に反旗をひるがえした。こうなると、さすがの**曹操**もうろたえ、一時は**献帝**《けんてい》を連れて都を移そうとまで考える。しかし、側近の**司馬懿**《しばい》らがそれをいさめ、**孫**《そん》

「水攻め」豪雨を利用して城を囲む

連日の雨で
濁流があふれ
曹操軍は
水没した

権《けん》との同盟を**曹操**にすすめた。

関羽と**孫権**の関係は、外交のもつれで微妙な状態になっていた。**孫権**も「いまこそ荊州を手に入れる絶好の機会」と、**曹操**軍の申し出を受け入れる。

こうして**曹操**と**孫権**が同盟し、**関羽**は前後に敵をかかえ、一転、窮地に陥ってしまうのである。

婚姻の申し出を関羽が断る

私の息子と関羽の娘を結婚させよう
孫権
虎の子を犬の子にやるものか！
関羽

関羽が荊州領土の分配をめぐって孫権軍と会談を行なったとき、孫権は、自分の息子と関羽の娘との婚姻を望んだ。しかし関羽がこれを断ったため、孫権は気分を害していた。

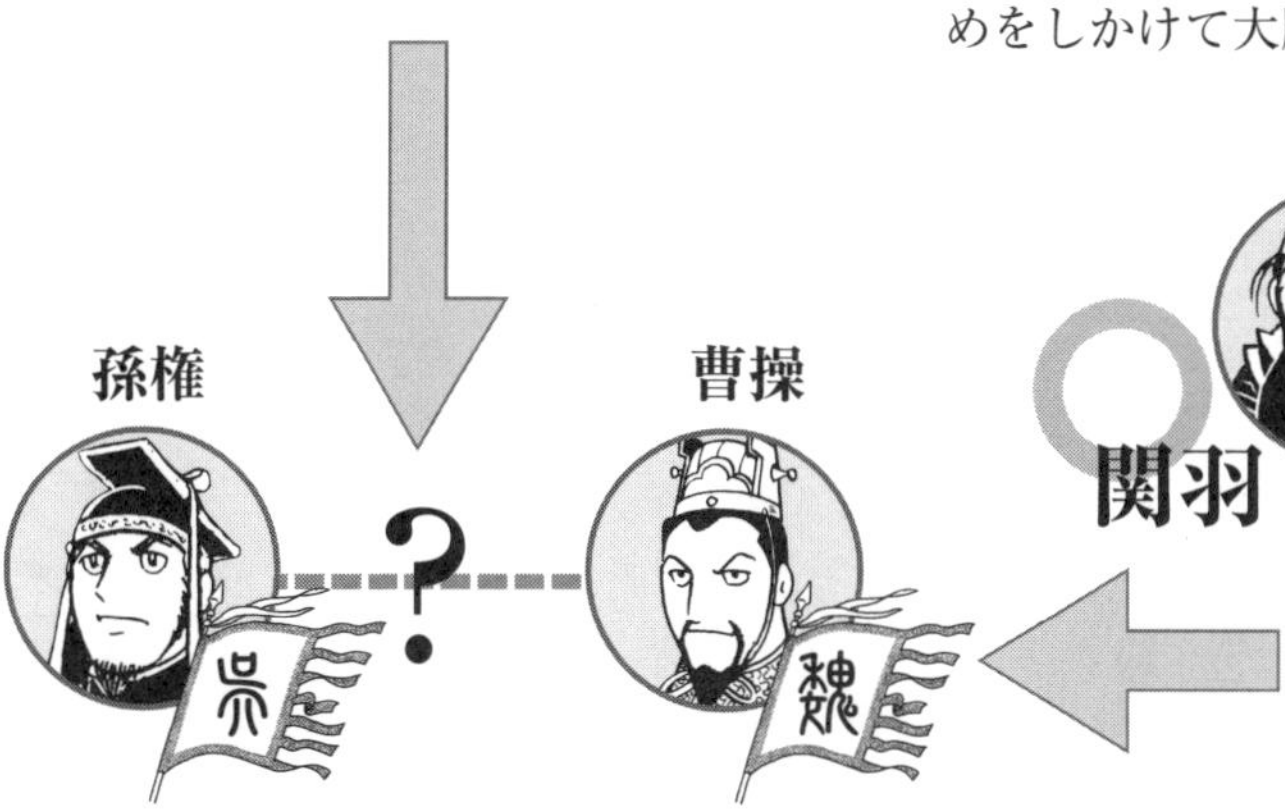
孫権
曹操
?

曹操と孫権が手を結ぶ

劉備派だった呉《ご》の軍師魯粛《ろしゅく》が病死すると、孫権は劉備軍に対し強硬姿勢をとるようになった。そして劉備の勢いに押される曹操との距離が近くなる。

樊城の戦い（前半）

219年8月、折からの悪天候によって大洪水が起こり、曹操軍は足止めをくう。関羽はこの勢いに乗り、水攻めをしかけて大勝した。

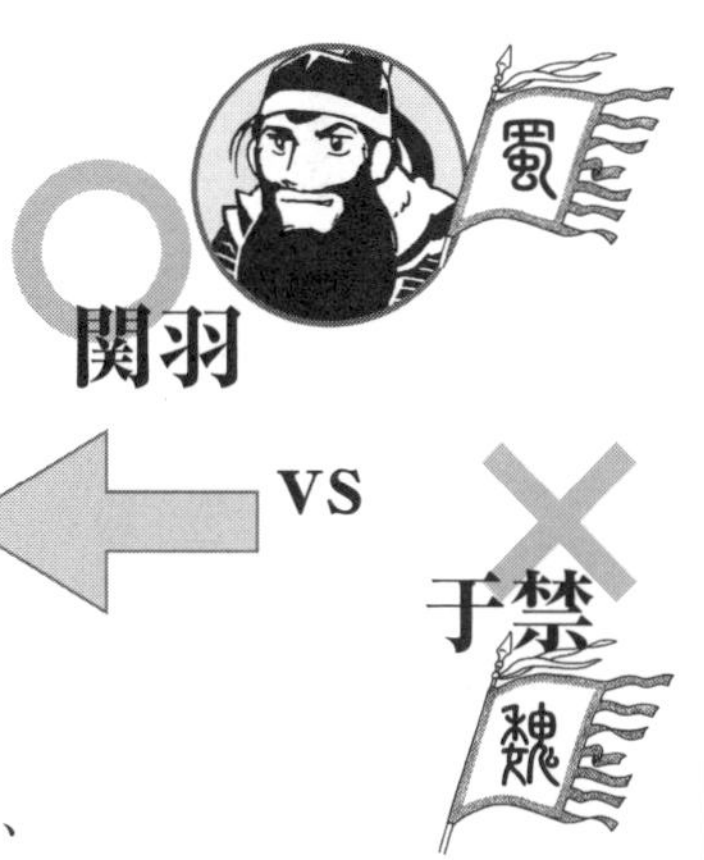
関羽
VS
于禁

樊《はん》城《じょう》の戦い
219年

曹操と孫権の挟み撃ちに関羽が討たれる

「挟み撃ち」油断した関羽《かんう》

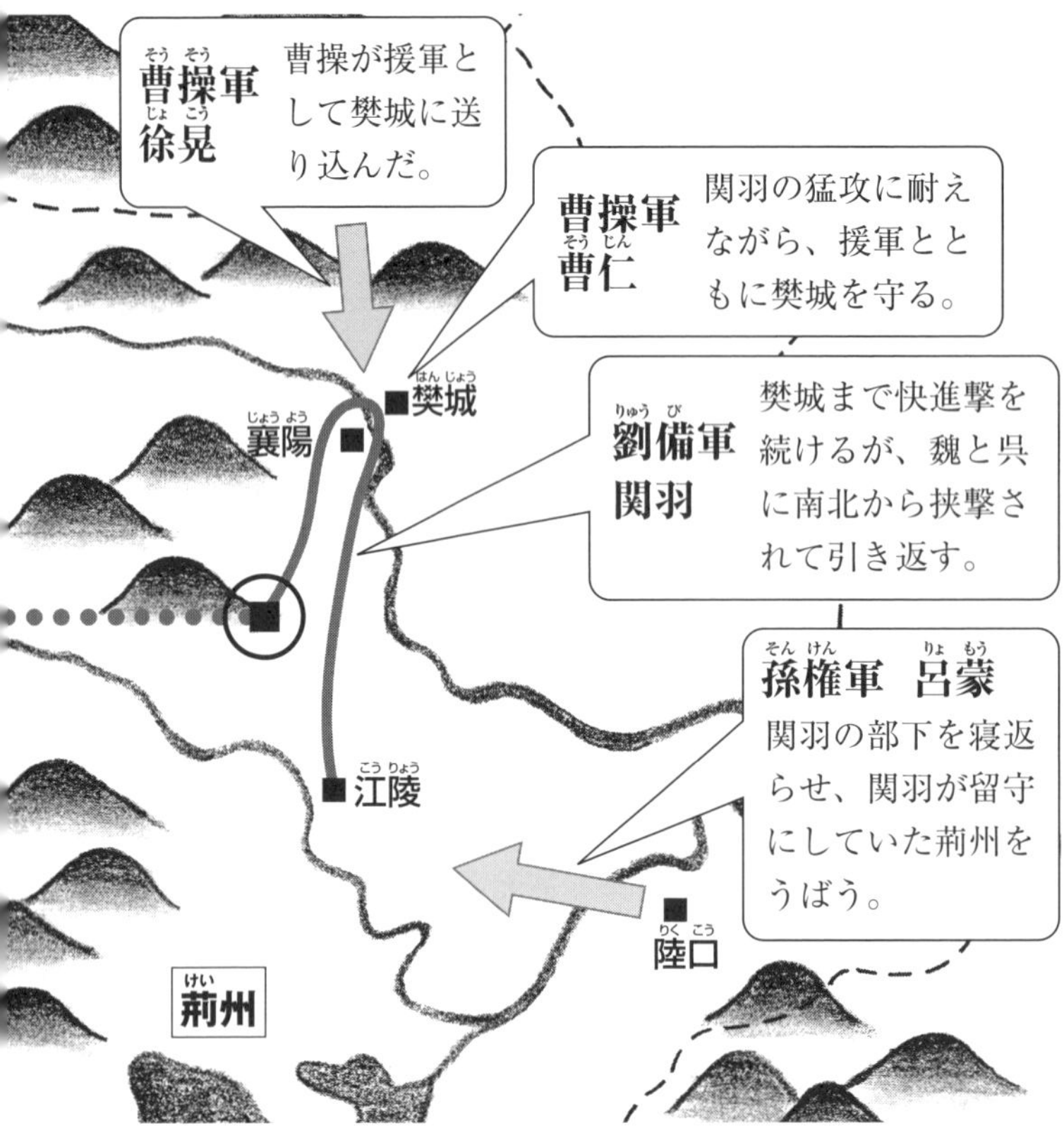

曹《そう》操《そう》軍 徐《じょ》晃《こう》
曹操が援軍として樊城に送り込んだ。
曹操軍 曹《そう》仁《じん》
関羽の猛攻に耐えながら、援軍とともに樊城を守る。
樊城《はんじょう》
襄陽《じょうよう》
劉《りゅう》備《び》軍 関羽
樊城まで快進撃を続けるが、魏と呉に南北から挟撃されて引き返す。
孫《そん》権《けん》軍 呂《りょ》蒙《もう》
関羽の部下を寝返らせ、関羽が留守にしていた荊州をうばう。
江陵《こうりょう》
陸《りく》口《こう》
荊《けい》州

漢中《かんちゅう》の奪取、**関羽**《かんう》の快進撃と、**劉備**《りゅうび》軍の勢いは絶頂にあった。しかし、それも長くは続かない。**曹操**《そうそう》と**孫権**《そんけん》が密約を結んだからである。

曹操から「**関羽**の背後を突け」と要請された**孫権**は、**呂蒙**《りょもう》に命じ、**関羽**が留守にしていた荊《けい》州の**劉備**領を攻略する。さらに、**関羽**に不満をもつ武将を寝返らせることに成功した。

樊城《はんじょう》を包囲していた**関羽**軍は、その報に仰天して大混乱。そこへ、**徐晃**《じょこう》率いる**曹操**の援軍が押し寄せ、**関羽**は防ぎきれず撤退。しかし、**孫権**軍が退路を断っていた。**関羽**は捕まり、処刑されてしまった。

おーい
息子や
まだ
無事か
早く
降伏して
こっちへこい
みんな
待っているぞ
兄さーん
生きていたら
返事を
してくれー

行き場を失った関羽らは……

魏《ぎ》と呉《ご》から挟撃を受け、本拠地である江陵を奪われたことを聞いた将兵のほとんどは、戦意を喪失して孫権軍に降伏。彼らがさらに降伏をうながす有様だった。孤立無援となった関羽は、蜀《しょく》への退路も断たれ、息子の関《かん》平《べい》とともに捕らえられて斬首された。

討たれた首は曹操のもとへ

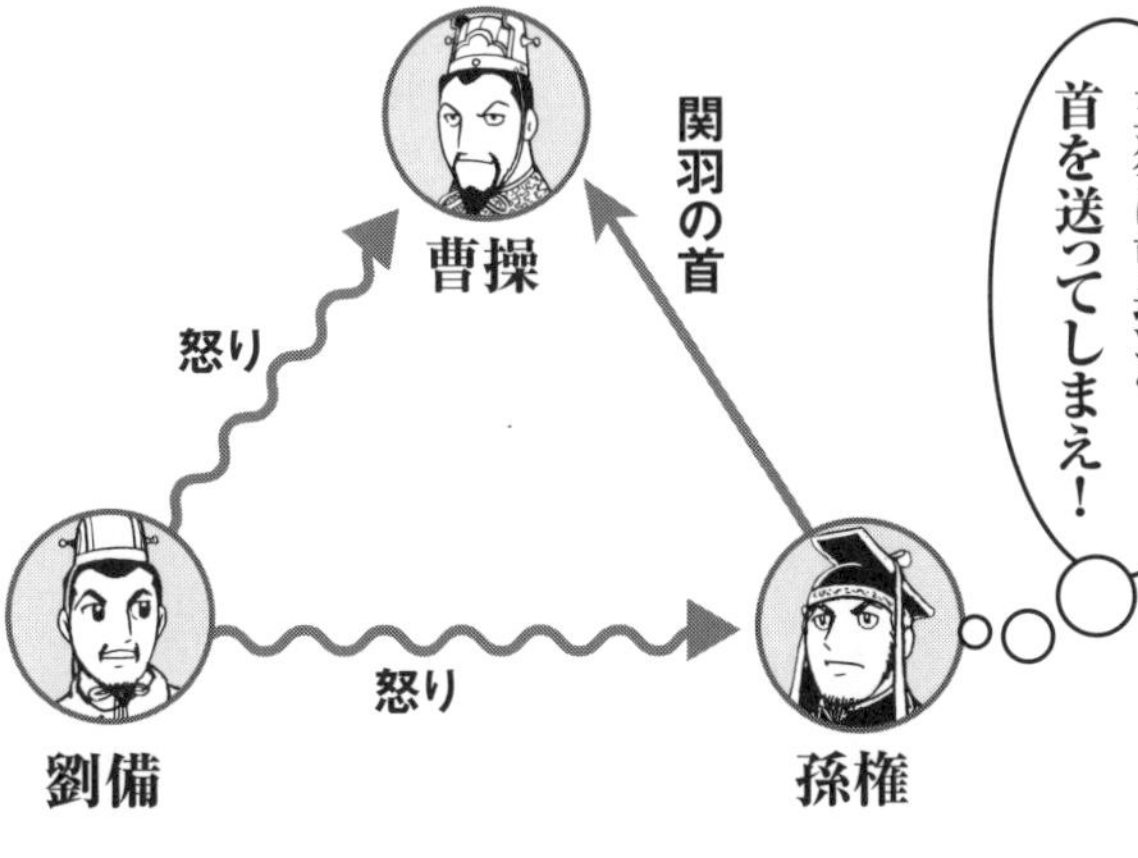
曹操
関羽の首
怒り
怒り
劉備
孫権
主犯は曹操だ
首を送ってしまえ!

孫権は関羽の首を曹操のもとに送る。曹操への臣従を示す証であり、同時に劉備の怒りの矛先を曹操に向けさせようとする、したたかな狙いもあった。

三国鼎立

229年

三国時代が到来。魏、蜀、呉が並び立つ

関羽《かんう》が戦死した翌年、**曹操**《そうそう》が病のため没する。**曹操**の跡を継いだのは、嫡男の**曹丕**《そうひ》であった。

曹丕は、ほどなく**献帝**《けんてい》から皇帝の位をゆずり受け、魏《ぎ》の皇帝の座についた。西暦２２０年、後漢《ごかん》は滅び、正式に「魏」王朝が誕生する。

これを聞いた**劉備**《りゅうび》も翌年、皇帝を名乗り、「蜀《しょく》」が成立。

それから8年後の２２９年には、**孫権**《そんけん》が「呉《ご》」の皇帝を名乗った。

ひとりしか存在しないはずの皇帝が3人も並び立つという、中国史上初の異常事態。これにより、本格的な「三国時代」の幕開けとなる。

曹丕

曹操《そうそう》は病死。息子が皇帝に

曹丕《そうひ》は、後漢《ごかん》の皇帝（献帝《けんてい》）から、位をゆずり受け、「禅譲」という形で皇帝の座についた。実際は強要する形で帝位をうばった（簒奪）といわれる。
父の曹操は、魏王《ぎおう》のまま没したため、曹丕が魏の初代皇帝である。

213年	曹操が魏公《ぎこう》になる
216年	曹操が魏王になる
220年	曹操、病没
	曹丕が魏王になる
	曹丕が魏の皇帝になる ← 後漢王朝の終焉

曹丕と跡目争いをした兄弟

曹彰《そうしょう》

曹丕の同母弟で、曹植の兄。武勇にすぐれていた。曹丕に警戒され、一説には毒殺されたとも。

曹植《そうしょく》

曹丕の同母弟。詩や賦の才能が高く、曹操に寵愛され、曹丕と並ぶ後継者と目されていた。

mini **人物伝** **曹植** そうしょく（そうち）

字《あざな》／子建《しけん》

生没年／192～232年

文学の申し子。後継者争いに敗れる

曹操の五男。幼い頃から詩才にすぐれ、数十万言をそらんじたという。その才は曹操から深く愛された。

しかし、曹操の死後は曹丕から迫害され、各地を転々とさせられて鬱々とした日々を送り、病死した。

杜《と》甫《ほ》や李《り》白《はく》に並ぶ、中国を代表する詩人であり、「詩聖《しせい》」とも評される。また、14歳から戦場に従軍し、武芸や政治も好むなど、父の才能を十分に受け継いだ人物だった。

滅びた後漢王朝を、継ぐ

劉備

漢王朝が滅びたことで、劉備《りゅうび》の志はひとまず頓挫する。しかし、今度は魏を打倒し、洛陽《らくよう》に漢の旗を立てるという目標をかかげる。そのため、劉備はみずからを「漢《かん》（蜀漢《しょくかん》）」の皇帝と称して魏に対抗した。

219年　漢中王《かんちゅうおう》となる

221年　漢《かん》の皇帝として立つ

魏の臣下のフリをして時を待った

孫権

合肥《ごうひ》の戦いで降伏して以来、孫権《そんけん》は、表面上は魏に臣従していた。曹丕も孫権を臣下のように扱い、呉王《ごおう》に封じた。しかし孫権は、曹丕の要求に応じるふりをしつつ、のらりくらりの対応を続けた。そして機を見て、呉の皇帝を名乗ったのである。

221年　呉王に任命される（魏の臣下）

222年　魏から独立する

229年　年号を改め、皇帝として立つ

夷陵の戦い 222年

怒りに燃える劉備。関羽のとむらい合戦へ

「関羽《かんう》、死す」。荊《けい》州を失ったことよりも、兄弟同然の仲だった**関羽**を失ったことにショックを受けた**劉備**《りゅうび》は、すぐさま復讐戦を決意する。

これに対し、**趙雲**《ちょううん》ら多くの重臣が反対するが、**劉備**は聞き入れずに出陣する。このとき、**張飛**《ちょうひ》も出陣の準備をしていたが、部下によって暗殺されてしまった。痛手が重なり、**劉備**はもはや正気を失いつつあった。

対する**孫権**《そんけん》も、蜀《しょく》との対決は避けられないと見て、魏《ぎ》と同盟を結んだ。そうして北の脅威をのぞく一方、**陸**《りく》**遜**《そん》を総司令官に任じ、蜀軍を待ち受けた。

多くの反対を押して戦う

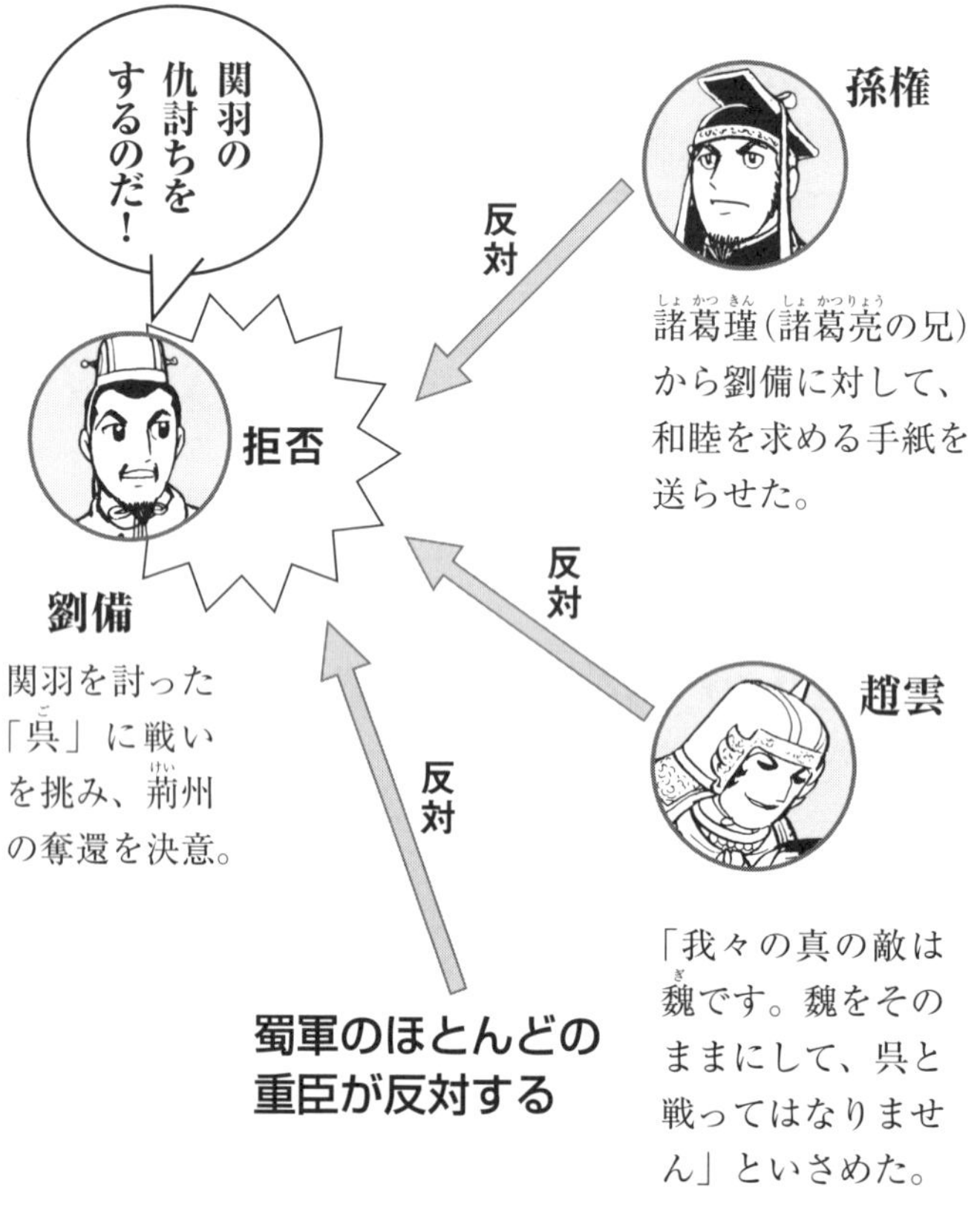

関羽の仇討ちをするのだ！
孫権
反対
諸葛瑾《しょかつきん》(諸葛亮《しょかつりょう》の兄)から劉備に対して、和睦を求める手紙を送らせた。
拒否
劉備
関羽を討った「呉《ご》」に戦いを挑み、荊《けい》州の奪還を決意。
反対
趙雲
反対
「我々の真の敵は魏《ぎ》です。魏をそのままにして、呉と戦ってはなりません」といさめた。
蜀軍のほとんどの重臣が反対する

郵便はがき

1510051

お手数ですが、
切手を
おはりください。

東京都渋谷区千駄ヶ谷 4-9-7

(株) 幻冬舎

書籍編集部宛

ご住所 〒

都・道
府・県

フリガナ
お名前

メール

インターネットでも回答を受け付けております
https://www.gentosha.co.jp/e/

裏面のご感想を広告等、書籍のPRに使わせていただく場合がございます。

幻冬舎より、著者に関する新しいお知らせ・小社および関連会社、広告主からのご案内を送付することがあります。不要の場合は右の欄にレ印をご記入ください。

不要 □

本書をお買い上げいただき、誠にありがとうございました。
質問にお答えいただけたら幸いです。

◎ご購入いただいた本のタイトルをご記入ください。

『　　　　　　　　　　　　　　　　　　　　　　　　』

★著者へのメッセージ、または本書のご感想をお書きください。

●本書をお求めになった動機は？

①著者が好きだから　②タイトルにひかれて　③テーマにひかれて
④カバーにひかれて　⑤帯のコピーにひかれて　⑥新聞で見て
⑦インターネットで知って　⑧売れてるから／話題だから
⑨役に立ちそうだから

生年月日　西暦　　年　　月　　日（　　歳）男・女				
ご職業	①学生	②教員・研究職	③公務員	④農林漁業
	⑤専門・技術職	⑥自由業	⑦自営業	⑧会社役員
	⑨会社員	⑩専業主夫・主婦	⑪パート・アルバイト	
	⑫無職	⑬その他（　　　　）		

ご記入いただきました個人情報については、許可なく他の目的で使用することはありません。ご協力ありがとうございました。

戦の直前に、張飛《ちょうひ》が暗殺される

張飛は、荊州出兵の準備をしている最中、暗殺された。かねてから張飛に恨みを抱いていた部下ふたりの仕業。

『演義』では、酒に酔って寝ていたところを襲われたとしている。

劉備は、関羽に続いて張飛まで、失ってしまう。

ともに死を誓った
義兄弟の3人で
生き残ったのは
朕《ちん》だけと
いうことか……

張飛の暗殺者は呉に降った。そのため、
とむらい合戦の色はさらに濃くなった。

呉

mini **人物伝** **諸葛瑾** しょかつきん

字《あざな》／子瑜《しゆ》

生没年／174〜241年

公私混同せず、孫権に忠誠を誓う

諸葛亮の実の兄。孫権に仕え、呉の使者として蜀へ赴くが、会見の場以外で弟と会うことはなかった。

「主従の関係を結んだ以上、主君を裏切ることはない。弟がこちら（孫権のもと）にとどまらないのは、わたしが向こう（劉備のもと）に行かないことと同じ」と話し、孫権から厚い信頼を寄せられた。

夷陵《いりょう》まで一気に進むも……

1 快進撃が続く

蜀《しょく》軍は快進撃を見せ、呉《ご》軍に連戦連勝する。呉の本拠地に迫らんばかりの勢いで、荊《けい》州の奥深く「夷陵」の地まで進んだ。

関羽《かんう》、張飛《ちょうひ》の息子が、亡き父の仇討ちを果たす。劉備《りゅうび》は、ふたりの強さに「虎の子に犬の子は生まれぬものだ」と感激する。

深入りしすぎた？ 呉《ご》の火計に敗れる

呉に攻め込んだ蜀《しょく》軍は、**劉備**《りゅうび》の闘志そのままに、怒濤の進撃を見せる。

当初、呉軍の総指揮官についたばかりの**陸遜**《りくそん》は、将兵の統率に苦労し、部下もまた**陸遜**を「若輩者」と軽んじていたためにまとまりを欠き、ズルズルと後退した。一方で、これは**陸遜**の策略でもあった。連勝に勢いづく蜀軍は、呉領の奥深くまで進軍したため、陣営が蛇のように延びてしまった。

陸遜は機が熟したと見るや、火攻めを敢行。蜀軍はたちまち混乱に陥り、陣営同士の連携もとれず、壊滅。多くの武将が戦死し、**劉備**も命からがら、白帝城《はくていじょう》へと逃げ込んだ。

2 火攻めが展開される

長引く戦に疲れを見せる蜀軍に対し、呉の指揮官となった陸遜《りくそん》は劣勢のなかでも冷静に状況を見きわめ、蜀軍に火攻めを実行する。

3 白帝城へ

勝ちにおごり、隊列が延び切っていた蜀軍は泡を喰う。混乱は全軍に波及し、敗れた劉備は、白帝城《はくていじょう》へ退却した。

三国志note

諸葛亮《しょかつりょう》の秘術が、追っ手を防いだ?

『三国志演義』では、諸葛亮が万一に備えて、白帝城近くにワナ(「八陣図《はちじんず》の計」)を敷いていた。巨石を特別に配置したもので、迷路のように入り組んでいる。夷陵から逃げる劉備を追撃してきた陸遜は、ここに入り込んでしまったため、それ以上追撃できずに兵を退いたとされている。

英傑の死

220年
223年

時代を動かした曹操、そして劉備が逝く

この乱世の大陸の3分の2を平定することは凡人にできることではない
曹操《そうそう》は百年にひとりいや千年にひとり出るかどうかの風雲児であった

曹操の遺言

「天下がいまだ安定を見ない以上、埋葬が終われば喪服を脱げ。みな、部署を離れるでないぞ。私の遺体は平服で埋葬せよ。墓には金銀を入れるな」と残した。

「夷陵《いりょう》の戦い」に敗れた**劉備**《りゅうび》は、国境付近の白帝城《はくていじょう》に逃げ込んだ。しかし、心労もあって病を発し、病床に伏せってしまう。最期を悟った**劉備**は、**諸葛亮**《しょかつりょう》と息子たちを呼びよせ、成都《せいと》を守る長男の**劉禅**《りゅうぜん》には手紙を送り、遺言を発して死んだ。

この3年前には、**曹操**《そうそう》が洛陽《らくよう》で波乱の生涯を閉じている。

中国の約半分を平定した**曹操**、蜀《しょく》の皇帝にのぼった**劉備**。一代で大事業を成したふたりの死は、魏《ぎ》と蜀《しょく》の新たな出発を示す出来事でもあった。

とくに蜀は、**諸葛亮**が**劉備**の悲願を受け継いでいくことになる。

劉《りゅう》備《び》の遺言

諸葛亮《しょかつりょう》へ国を託す

「わが子、劉禅《りゅうぜん》を頼む。しかし、劉禅が補佐するに足りない凡器だと思ったなら、君が取って代わって、皇帝として国家を率いてくれ」。病床の劉備は、全幅の信頼を置く諸葛亮に、そういい残した。

もし劉禅が帝たる
天質を備えているなら
よく助けてやって
もらいたい　しかし
帝王の器でないときは
君が蜀の帝となり
万民を治めて
もらいたい
陛下
なにを仰せ
られまする

劉備の遺言

父として劉禅へ

子供たちに向かっては、「悪事はどんな小さなことでも行なってはいけない。善事はどんな小さなことでも行なえ。おまえたちの父は徳が薄いから、これを見習ってはならぬぞ。これより丞相《じょうしょう》（諸葛亮）を父と思って仕えよ」と命じた。

三国志 第二世代へ

220年代

創業者が去った魏・蜀が新たなスタートをきる

新体制に移行する

曹操《そうそう》の跡を継いだ曹丕は献帝《けんてい》から帝位をうばい、魏《ぎ》を建国。しかし曹丕も6年後の226年に40歳で死去、曹叡が跡を継ぐ。

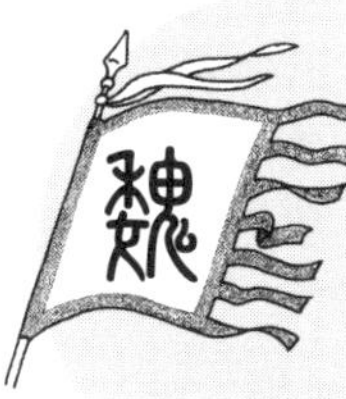

〈君主〉曹丕《そうひ》
曹叡《そうえい》
〈軍師〉司馬懿《しばい》

同盟

〈君主〉劉禅《りゅうぜん》
〈軍師〉諸葛亮《しょかつりょう》

〈君主〉孫権《そんけん》
〈軍師〉陸遜《りくそん》

223年に劉備《りゅうび》が死に、跡を継いだ劉禅は17歳で皇帝に即位。父の遺言にしたがい、以降は諸葛亮に内外の政務のいっさいを任せて魏攻略をめざす。

孫権は蜀《しょく》に大勝、荊州《けいしゅう》に確固たる基盤を築いたことで、魏に対しても対等な態度を見せるようになる。229年、孫権が皇帝の座につき、正式に呉《ご》が誕生。

三国の国力を比較すると、魏《ぎ》が6、呉《ご》が3、蜀《しょく》が1というほどの戦力差があった。蜀が魏に対抗するには、呉と同盟するしか道はない。

劉備《りゅうび》に後事を託された**諸葛亮**《しょかつりょう》は、呉との関係を修復するため、使者をつかわした。**孫権**《そんけん》も、魏の脅威をのぞくには蜀の力を借りる以外にないと感じ、同盟を受け入れる。

呉との同盟に成功した**諸葛亮**は、軍資金や兵糧の確保に奔走し、魏討伐の準備を進めていく。

一方の魏は、226年に**曹叡**《そうえい》が、**曹丕**《そうひ》の跡を継いで皇帝に就任し、盤石な体制を整えつつあった。

呉と蜀が再同盟を結ぶ

呉との同盟締結のため、諸葛亮が派遣したのは鄧芝《とうし》という男。
しかし、孫権も簡単には「うん」といわない。そこで鄧芝は
呉と蜀の同盟の必要性を力説し、ようやく説得にこぎつけた。

呉《ご》蜀《しょく》同盟の使者

ご使者
何をなされる
詭弁《きべん》を弄《ろう》して
大王をあざむこうと
していないことを
みずから命を絶って
証明いたします
「三国志演義」の名シーン

『演義』では、使者が自説の正当性を証明するために、煮えたぎる油のなかへ飛び込もうとする。

三国志 note

弁舌で、君主と国の名誉を守る

外交に立つ使者は、知略・弁舌に長けた人物でなければつとまらない。

上の呉蜀再同盟では、使者に立った鄧芝に対し、はじめ孫権は彼に会おうともしなかった。鄧芝は「私は蜀のためではなく、呉のためを思って来ました」と手紙を書いて、孫権との会見にこぎつける。同盟が成った後、「ふたりの君主で国を分けて治めるのもおもしろい」という孫権に対し、「天にふたつの太陽なく、地にふたりの王なし」と返し、孫権も大いに笑ったという。

使者は、へりくだりすぎず、かつ機嫌を損ねず、毅然とした態度で、とっさの質問にも的確に答える機転が必要とされる、難しい仕事である。

まずは南を平定し魏との決戦に備える

七度捕らえ、七度放す

ならばもう一度
放ってやろう
汝の望む条件で
戦え

南方軍の大将は、孟獲《もうかく》という男。諸葛亮《しょかつりょう》は、孟獲を何度も捕らえるが、そのたびに釈放してやった。武力で制圧しても、蜀《しょく》軍がこの地を離れれば反乱が再発すると悟り、その「心」を攻めて、乱を鎮めようとしたのである。

「三国志演義」の名シーン

呉《ご》との同盟関係を修復し、魏《ぎ》への侵攻を狙う**諸葛亮**《しょかつりょう》。だが、その前にやるべきことは、南方の平定だった。**劉備**《りゅうび》の死に乗じて、益《えき》州南部の豪族らが蜂起しており、これらを討伐しなければ、魏への攻撃もままならないからだ。

蜀《しょく》の南方は、「南蛮《なんばん》」と呼ばれる異民族の文化圏。蛮賊軍のなかには、3m近い大男や、野生のトラやゾウを放ったり、毒の泉をしかける者がいて、蜀軍はたいそう苦戦した。

ただし、これらのコミカルな描写は『三国志演義』の話。『正史』には、挙兵した**諸葛亮**は、225年に

mini 人物伝

孟獲《もうかく》

実際にいたかどうかは不明

『演義』で南蛮の王として登場し、妻の祝融《しゅくゆう》や弟の孟優《もうゆう》らとともに戦う。諸葛亮に７度捕まるが、７度目に放されたとき、ついに心服し、蜀への忠誠を誓った。

南の異民族を平定する

ついに南蛮が降伏。諸葛亮は、南蛮を統治するのではなく、自治領とした。

大陸には異民族が多い

日本人も異民族

北や西の騎馬民族や遊牧民もたびたび国境を侵し、漢《かん》民族と衝突。漢民族は、彼らに上のような蔑称をつけた。ちなみに日本は「東《とう》夷《い》」や「倭《わ》」と呼ばれた。正史三国志の『魏書』の東夷伝（略称『魏志倭人伝《ぎしわじんでん》』）に、日本人の記述が残っている。

彼らの平定に成功した、と簡潔に書かれているに過ぎない。

「魏を倒し、漢を復興する」出陣前に決意をつづる

出師《すいし》の表《ひょう》（抜粋）

今天下三分　益州疲弊
此誠危急存亡秋也

意味 天下は蜀《しょく》、魏《ぎ》、呉《ご》に三分して、益《えき》州（蜀《しょく》）は疲弊している。誠に、危急存亡《ききゅうそんぼう》の秋《とき》（存亡の危機）である。

「危急存亡の秋」は、三国志から生まれた故事ことわざ

親賢臣　遠小人　此先漢所以興隆也
親小人　遠賢臣　此後漢所以傾頽也

意味 すぐれた臣下に親しみ、小人物を遠ざけたのは、前漢《ぜんかん》の興隆した理由であり、小人物に親しみ、すぐれた臣下を遠ざけたのが、後漢《ごかん》の衰微した原因である。

都に残していく劉禅《りゅうぜん》に、心構えを諭す

諸葛亮《しょかつりょう》の南征は、蜀《しょく》内外の安定に加え、その地方から財物を得ることで、魏《ぎ》の討伐（北伐《ほくばつ》）の軍費をねん出することにもつながった。

そして北伐の準備が整うと、**諸葛亮**は『出師《すいし》の表《ひょう》』を**劉禅**《りゅうぜん》に奉呈《ほうてい》した。魏を打倒し、洛陽《らくよう》の都に漢《かん》の旗をよみがえらせることは、先帝**劉備**《りゅうび》の悲願であり、これを達成せずに恩義にむくいることはできない。**諸葛亮**は北伐への決意、**劉備**と若き皇帝**劉禅**への恩義や忠誠の情を、涙ながらにしたため、公開したのだ。

古くから「これを読んで泣かない人は不忠者」といわれている。

※出師とは、師＝軍隊を出すこと、表とは公開される文をあらわす。

先帝不以臣卑鄙　猥自枉屈
三顧臣草廬之中　諮臣以当世之事

意味 先帝（劉備《りゅうび》）は、臣（諸葛亮《しょかつりょう》自身）の身分も気にせず、みずから三度も訪問して、当世の情勢を尋ねられた。

劉備との出会いを回想。さらに、劉備の悲願を振り返る

庶竭駑鈍　攘除姦凶　興復漢室　還於旧都

意味 愚鈍の才をつくして、凶悪なもの（魏・曹操《そうそう》）を除き、漢室を復興し、旧都（洛陽《らくよう》）を取り戻したい。

北伐《ほくばつ》の決意を力強く宣言

今当遠離　臨表涕泣　不知所云

意味 いま遠く離れるにあたり、この表を前に涙が流れ、申し上げようもない。

切なる思いがあふれ出る

孔明は一句一章心血をそそいで書き始めた

出師の表には続きがあった？

諸葛亮は翌年にも、『出師の表』を提出。『後・出師の表』と呼ばれ、「だまって滅亡を待つよりは、先手をとるべきである」など、北伐の正当性をより強く表明した内容。ただ、正史には記載がなく、後世の創作ともいわれる。

弱小の蜀が、大国の魏に五度の戦いをいどむ

漢中《かんちゅう》を拠点に北をめざす

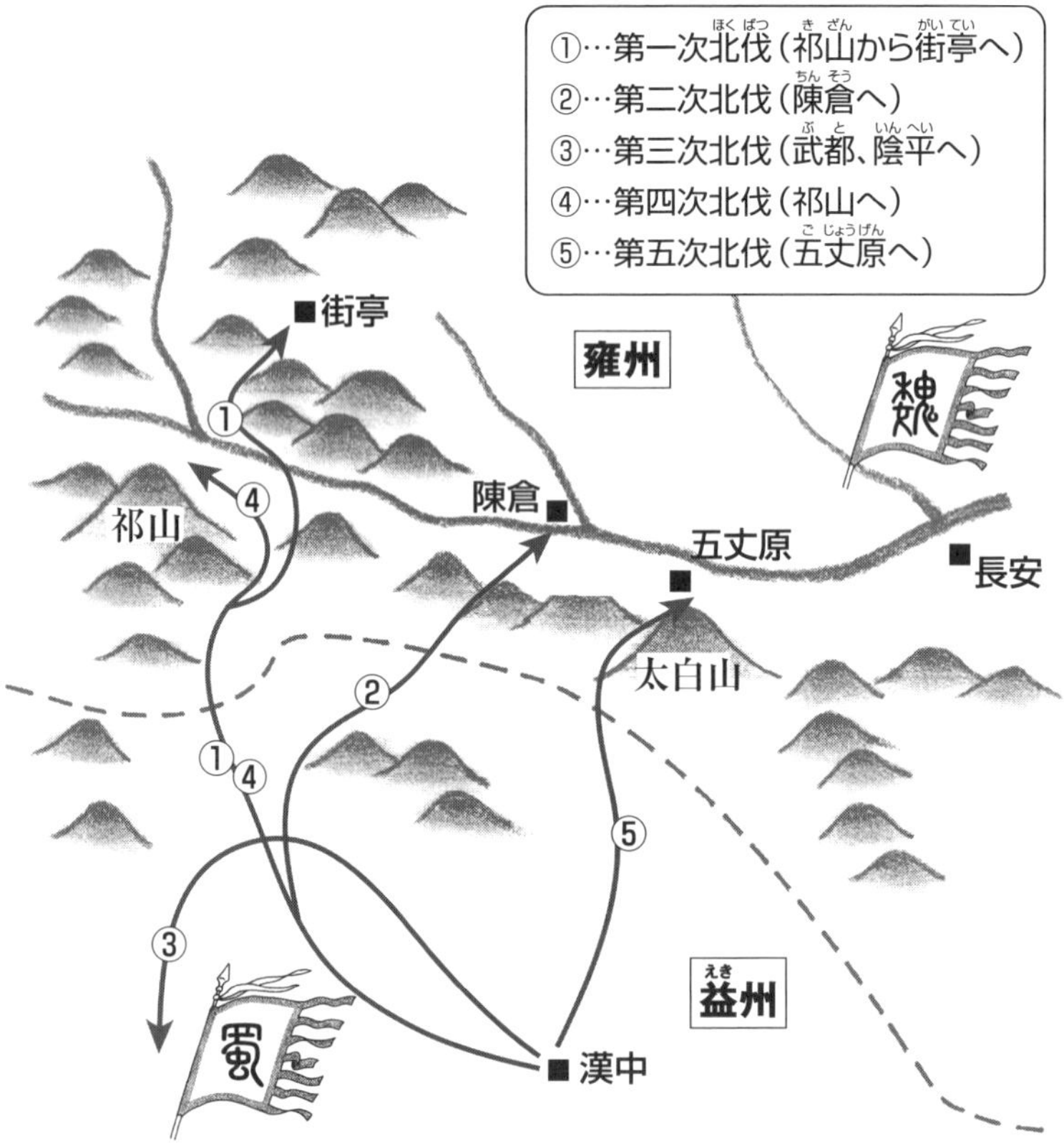
①…第一次北伐《ほくばつ》（祁山《きざん》から街亭《がいてい》へ）
②…第二次北伐（陳倉《ちんそう》へ）
③…第三次北伐（武都《ぶと》、陰平《いんへい》へ）
④…第四次北伐（祁山へ）
⑤…第五次北伐（五丈原《ごじょうげん》へ）
街亭
雍州
魏
陳倉
祁山
五丈原
長安
太白山
益州《えき》
蜀
漢中
①
②
③
④
⑤

諸葛亮《しょかつりょう》は、ついに北へ出陣する。首都の成都《せいと》から出兵し、漢中《かんちゅう》を拠点として魏《ぎ》の大都市長安《ちょうあん》をおさえ、東方へ攻め込むという計画であった。

228年から足かけ6年、5回にもおよんだ北伐《ほくばつ》だが、約10倍といわれた国力・兵力の差はいかんともしがたく、さほどの戦果をあげられぬまま、**諸葛亮**は陣没する。

国力の差以外にも、蜀《しょく》から魏の中心部へ至るには険しい山があり、一直線に攻めることができない。輸送や地形面の不利も大きかった。**諸葛亮**の死、度重なる北伐の失敗で、蜀はますます弱体化してしまう。

侵攻前の「内応工作」は失敗

魏《ぎ》を攻撃する前に、諸葛亮《しょかつりょう》はかつて蜀《しょく》から魏へ投降した孟達《もうたつ》を、再び蜀へ引き入れようとした。魏国内で、周囲に警戒されていた孟達は、諸葛亮の誘いに乗る。しかし、行動を起こす前に孟達は司馬懿《しばい》に討伐され、作戦は失敗に終わる。

げっ
司馬懿の軍が
あらわれた
なんという
すばやさ
なんだ

孟達は、司馬懿が討伐に来るとしても、1ヵ月以上先だと予想した。それをわずか8日で司馬懿が攻めてきたため、防備を固める前にあっさりと討たれた。

いよいよ第一次北伐へ

三国志note

北伐のため、蜀と呉は対等に同盟する

蜀単独では、魏に太刀打ちできないため、呉《ご》との良好な関係は不可欠だった。

229年に、孫権《そんけん》が魏からの独立を公にして、皇帝に即位。すると「皇帝は漢《かん》（蜀）の皇帝ひとりだけ」を国是とする蜀国内では、呉との同盟を破棄せよ、との声もあがる。しかし、魏討伐にすべてを注ぎたい諸葛亮としては無理な相談。かえって慶賀の使者をやり、孫権の就任を祝った。

さらに諸葛亮と孫権は、協力して魏を倒し、領土を得た場合に、それを等しく分け合うという条約を結んだ。かくして魏は、蜀・呉2方面の敵を同時に相手にすることとなったのである。

第一次北伐《ほくばつ》（街亭《がいてい》の戦い）

まずは魏《ぎ》軍を
分断せよ！

228年春

諸葛亮《しょかつりょう》は趙雲《ちょううん》らをおとりに使い、魏の曹真《そうしん》が全軍を率いてこれに当たっているスキに、みずからは祁《き》山《ざん》を攻撃した。

陽動作戦が成功する

策が見事にはまり、これに呼応して、天水《てんすい》・南安《なんあん》・安定の三郡が蜀《しょく》軍に寝返る。天水の武将姜維《きょうい》も蜀に降った。

街亭にて、馬謖《ばしょく》が大敗する

張郃《ちょうこう》を派遣した魏に対して、諸葛亮は馬謖に前線拠点となる街亭の防衛を命じる。「山頂に布陣してはならない。ふもとの街道を死守せよ」と指示された馬謖だが、それに背く。結果、ふもとの井戸をおさえられて大敗し、陣地をうばわれる。

×馬謖 vs 張郃○

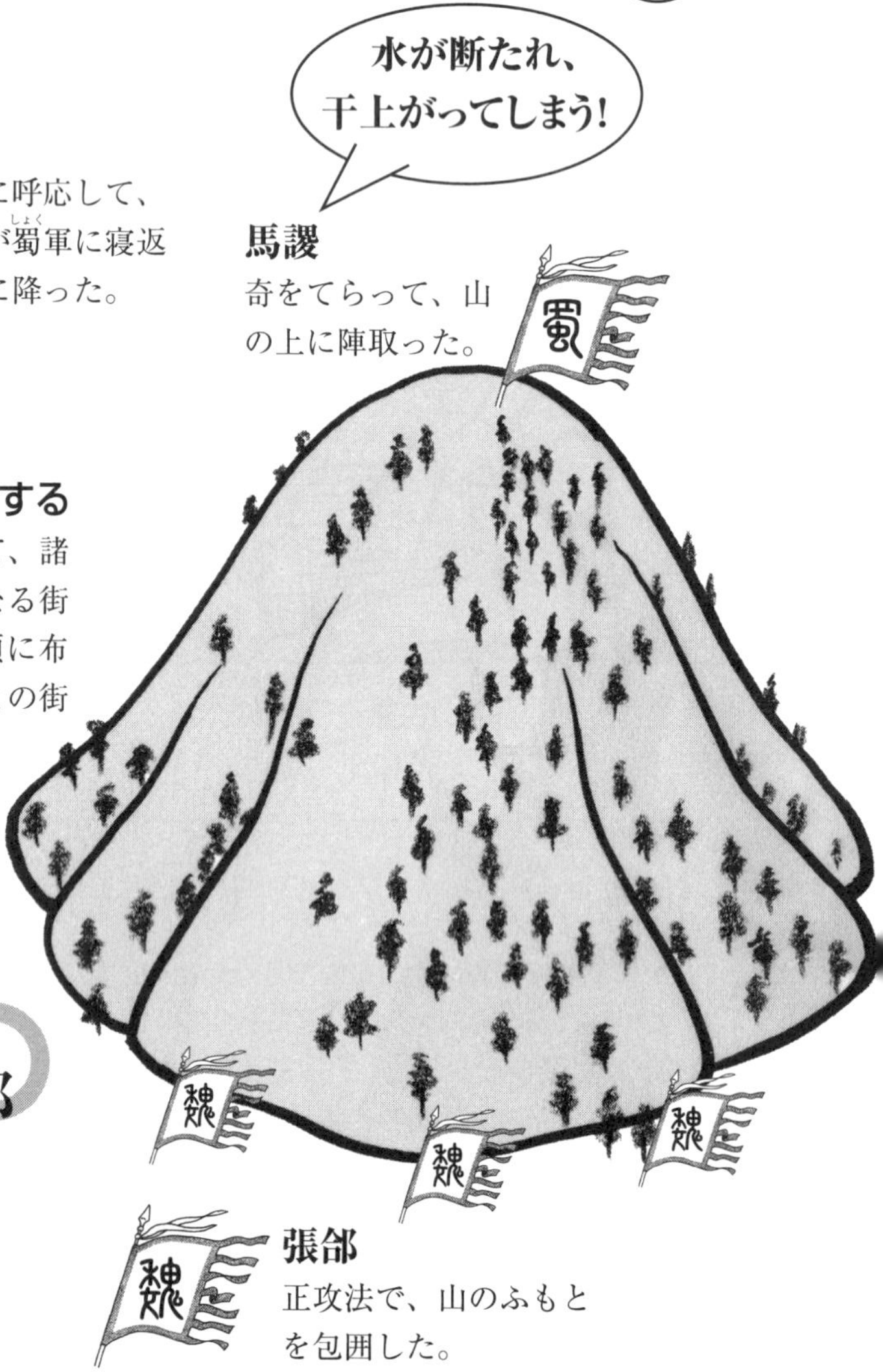
水が断たれ、
干上がってしまう！
馬謖
奇をてらって、山の上に陣取った。
蜀
魏
魏
魏
魏
張郃
正攻法で、山のふもとを包囲した。

馬謖のばか者め……

魏軍の防御体制が不十分だった第一次北伐は、蜀にとって最大のチャンスだった。だが、馬謖が街亭を奪われたことで、それを失った。

「泣いて馬謖を斬る」

「愛する人であっても、全体的見地から非情な決断をしなければならない」の意。諸葛亮は馬謖を高く評価していたが、命令違反の罪で泣く泣く処刑した。

諸葛亮は馬謖の首を見て泣き崩れた

蜀は全軍撤退する

諸葛亮は全軍に撤退を命じる。別働隊を率いていた趙雲も、曹真の大軍を防ぎきれずに敗北。趙雲はみずから殿《しんがり》をつとめて退却し、大損害には至らなかった。

馬謖は死罪となった

せっかく降伏させた天水・南安・安定の三郡は再び魏軍に降る。馬謖は処刑、諸葛亮もみずから降格を願い出て、丞《じょう》相《しょう》から右将軍となった（職務は変わらない）。

第二次北伐《ほくばつ》(陳倉《ちんそう》の戦い)

228年冬

諸葛亮《しょかつりょう》は、再び漢中《かんちゅう》から数万の軍勢で出撃。北上して陳倉城を包囲した。あらゆる兵器や策を用いて攻撃を試みる。

新兵器で攻撃だ!

わずか20日で退却

陳倉城を守る魏《ぎ》軍の防御態勢は万全で、落ちる気配がない。やがて食料が尽きる。また魏の援軍が迫っているとの報告により、蜀《しょく》軍はあきらめて撤退した。

さまざまな新兵器

諸葛亮は、「連発式の弩《ど》(ボウガン)」や、はしご車のような「雲梯《うんてい》」など新兵器を投入。

井欄《せいらん》

車輪のついた移動式のやぐら。城攻めに使う。

木製のため
火に弱い

第三次北伐

229年春　諸葛亮は、陳式《ちんしょく》に兵を与えて武都《ぶと》・陰平《いんへい》の二郡を攻めさせた。魏は郭淮《かくわい》が救援に出たが、諸葛亮がその退路を断とうとしたので、郭淮は撤退。武都・陰平の二郡の奪取に成功。

皇帝の命令で、諸葛亮が丞相《じょうしょう》の位に戻る。

230年　魏が蜀へ侵攻!
しかし、大雨で撤退

攻められる一方だった魏が蜀に反撃するが、長雨が降り続いたことにより、両軍は撤退。この後、魏軍の大将曹真《そうしん》が病死したため、司馬懿《しばい》がその後任として魏軍を率いる。

第四次北伐

231年　諸葛亮は続いて攻撃をしかけ、勝利を収めるが、食糧輸送の失敗により撤退する。このとき、追撃してきた張郃《ちょうこう》を討ち取ることに成功。

蜀軍は
いっせいに
矢を射かけた

馬謖《ばしょく》のかたき
張郃を討つ

張郃は、第二次北伐の際、馬謖を破った男。蜀軍は高地に伏兵を置いて、張郃が来ると弓矢でいっせいに攻撃した。

第五次北伐《ほくばつ》（五丈原《ごじょうげん》の戦い）

234年　速戦速攻は無理と知り、諸葛亮《しょかつりょう》は5度目の北伐に際して「屯田《とんでん》」を行ない、司馬懿《しばい》との長期対陣に備える。

持久戦の備えは完璧。いざ、最後の戦いへ！

兵糧問題を解決した二大要因

新しい運送具

「木牛《ぼくぎゅう》」「流馬《りゅうば》」という機械仕掛けの運送具（四輪車や一輪車のようなものといわれる）で食料を運ぶ。

屯田制

戦地での食糧自給のため、五丈原一帯で屯田を実施。

長いにらみ合いが続く

西の五丈原では、魏《ぎ》と蜀《しょく》のにらみ合いが続き、東の合肥《ごうひ》では、魏と呉《ご》が争っていた。

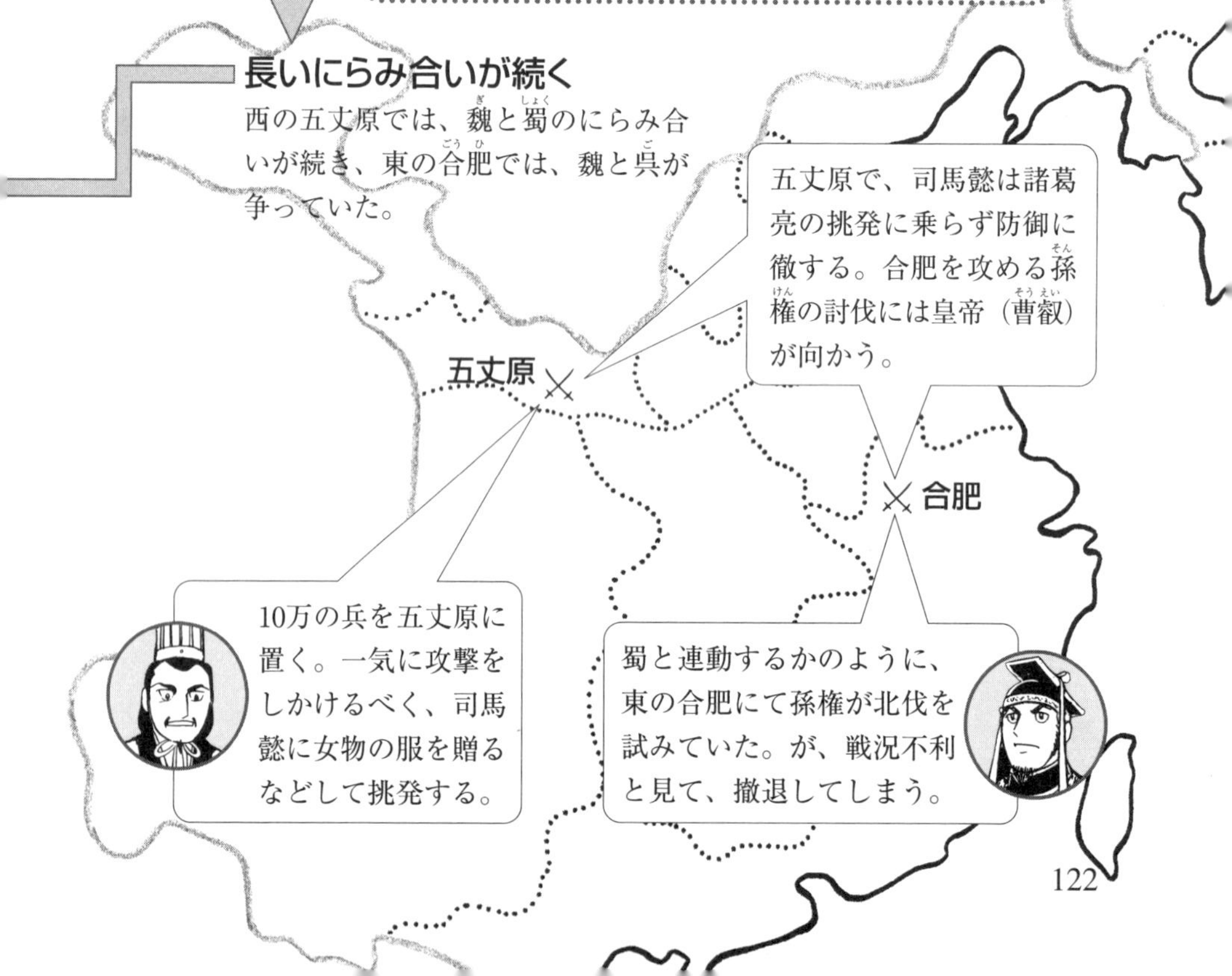

五丈原
合肥
五丈原で、司馬懿は諸葛亮の挑発に乗らず防御に徹する。合肥を攻める孫《そん》権《けん》の討伐には皇帝（曹叡《そうえい》）が向かう。
10万の兵を五丈原に置く。一気に攻撃をしかけるべく、司馬懿に女物の服を贈るなどして挑発する。
蜀と連動するかのように、東の合肥にて孫権が北伐を試みていた。が、戦況不利と見て、撤退してしまう。

延命を星に祈る
「三国志演義」の名シーン
今宵、天文を見たところわしの命脈が尽きたことを悟った
なぜそのような弱気なことを申されまする
蜀

死期を悟った諸葛亮は、陣中に祭壇を築き、寿命を延ばす祈祷を行なう。しかし、唐突に入ってきた魏延《ぎえん》が祭壇を壊してしまったために祈祷に失敗したという。

司馬懿はその夜、巨星が落ちるのを見逃さなかった

五丈原の陣中で諸葛亮が亡くなる

諸葛亮は激務のあまりに発症した病をおして戦っていたが、234年8月、ついに力尽きた。

蜀軍は退却。司馬懿は追撃へ

軍師を失った蜀軍は撤退。司馬懿は追撃して、蜀軍が引き上げた陣の跡を見て、「(諸葛亮は) まさに天下の奇才なり」と感心したという。

大黒柱を失い政治は混乱。30年後、魏に降伏する

諸葛亮《しょかつりょう》の後継者が早世する

蔣琬《しょうえん》
諸葛亮が遺言で後事を託した人物。すぐれた政治手腕で知られ、慕われた。
↓
246年に病死

費禕《ひい》
蔣琬とともに国政を担い、彼の死後も才能を発揮し、政局を安定させた。
↓
魏《ぎ》の降将に暗殺される

寄り合い所帯の群臣

北方から劉備《りゅうび》にしたがってきた者たち。

諸葛亮のように、荊《けい》州で劉備軍に加わった者たち。

益《えき》州の前領主である劉璋《りゅうしょう》の部下だった者たち。

諸葛亮《しょかつりょう》の死により、蜀《しょく》は大黒柱を失った。その後、政務は**蔣琬《しょうえん》**や**費禕《ひい》**が、軍事は**姜維《きょうい》**らが担当し、当初はまずまずの安定を見せる。

しかし、**蒋琬**や**費禕**が死ぬと、皇帝の**劉禅《りゅうぜん》**は宦官《かんがん》の台頭を許し、宮中は乱れて国力が衰退。いっぽう、**姜維**は**諸葛亮**にならって北伐《ほくばつ》を続け、それなりの戦果をあげたが、膨大な軍費を消費したため、国力はさらに疲弊していく。

そして263年、ついに蜀《しょく》を滅ぼさんと魏《ぎ》が動いた。**姜維**や**諸葛瞻《しょかつせん》**（**諸葛亮**の子）は激しく抗戦したが、魏の別働隊が成都《せいと》に迫ろうとする頃、

降伏した劉禅は、家族やわずかな家臣とともに洛陽《らくよう》に移され、天寿をまっとうした。下のような劉禅の態度に、魏の権力者も「諸葛亮が補佐しきれなかったのであるから、姜維にはなおさら無理だったろう」とつぶやいたという。

魏に降伏後
「蜀が恋しくはないか」と聞かれると……

いやいや
ここ（魏）は蜀より
楽しいな
乾杯！

部下の進言にしたがい、**劉禅**が降伏を決める。**劉禅**の子**劉諶**《りゅうしん》が祖父（**劉備**）の廟の前で自害するなど、抗戦派も健在ななかでの決定だった。

こうして、蜀は三国のなかで一番早く滅亡した。

mini **人物伝** **姜維** きょうい

〈武将〉

字《あざな》／伯約《はくやく》
生没年／202〜264年

諸葛亮の遺志を継ぎ、最後まで戦った

もとは魏の武将だったが、諸葛亮が北伐を開始した直後、蜀に投降。

諸葛亮に重く用いられ、その死後は軍事面の先頭に立って国を支える。

蜀滅亡後はやむなく魏に降り、蜀を再興しようと計画するが、事前にばれ、処刑された。

魏のその後 234〜265年

曹一族から司馬一族へ。「晋」が建国される

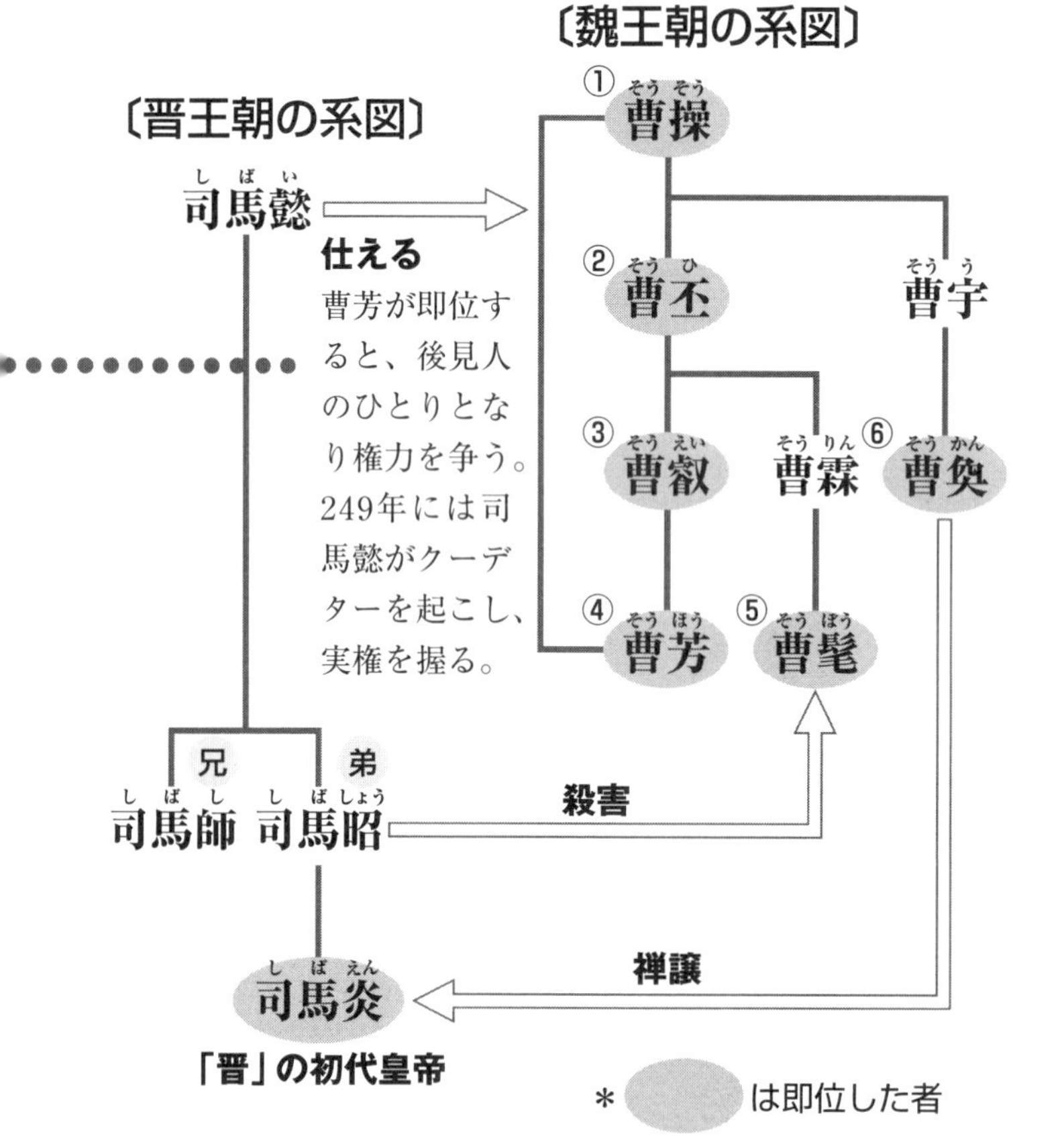

〔魏王朝の系図〕
〔晋王朝の系図〕
司馬懿《しばい》
仕える
曹芳が即位すると、後見人のひとりとなり権力を争う。249年には司馬懿がクーデターを起こし、実権を握る。
① 曹操《そうそう》
② 曹丕《そうひ》
曹宇《そうう》
③ 曹叡《そうえい》
曹霖《そうりん》
⑥ 曹奐《そうかん》
④ 曹芳《そうほう》
⑤ 曹髦《そうぼう》
兄
弟
司馬師《しばし》
司馬昭《しばしょう》
殺害
禅譲
司馬炎《しばえん》
「晋」の初代皇帝
＊ は即位した者

司馬懿《しばい》が持久戦のすえ、蜀《しょく》の**諸葛**《しょかつ》**亮**《りょう》を撃退し、国家の脅威をのぞいた魏《ぎ》は、その後も、遼東や高句麗《こうくり》の首都を攻め落とすなど武威を示した。

しかし、皇帝の**曹叡**《そうえい》が239年に早世。養子の**曹芳**《そうほう》が跡を継ぎ、皇族の**曹爽**《そうそう》と**司馬懿**がその後見役となったが、両者は権力争いに突入。**司馬懿**がこれに勝利し、**曹芳**を傀儡として操り、実権を握ることに成功した。

司馬懿の死後は、子の**司馬師**《しばし》、**司馬昭**《ばしょう》が権力を引き継いで、**曹髦**《そうぼう》さらには**曹奐**《そうかん》を擁立し、父の代と同じく魏帝を傀儡として操った。

265年、**司馬昭**が死去すると、

司馬懿がクーデターを起こす

耳も遠くなってのう
わしも
病に勝てぬ……
そう長くはない
じゃろう

ボケたふりをして油断させた

司馬懿は、ライバルである曹爽《そうそう》派の使いの前で、聞いた言葉をわざと言い間違える、薬を飲もうとしてこぼすなどの芝居をうって油断させる。やがて曹爽が洛陽《らくよう》を留守にした機会を見計らい、クーデターを起こした。

その跡を継いだ**司馬炎**《しばえん》が、**曹奐**に禅譲を強要し、同年「晋《しん》」を建国した。蜀を滅ぼしてからわずか2年、魏は内部から崩壊する形で滅亡した。

mini 人物伝 **司馬炎**《しばえん》

晋

〈皇帝〉

字《あざな》／安世《あんせい》

生没年／236〜290年

三国時代を終わらせた「晋」の皇帝

司馬懿の孫。魏最後の皇帝曹奐から禅譲を受けて晋を建国。さらに呉《ご》を滅ぼして、中国を約100年ぶりに統一した。

しかし、その後は堕落し、国内外が混乱。中国は隋の統一までおよそ300年あまり、再び動乱の時代に入る。

呉のその後 234～280年

後継者問題に揺れ、竹が割れるように崩壊

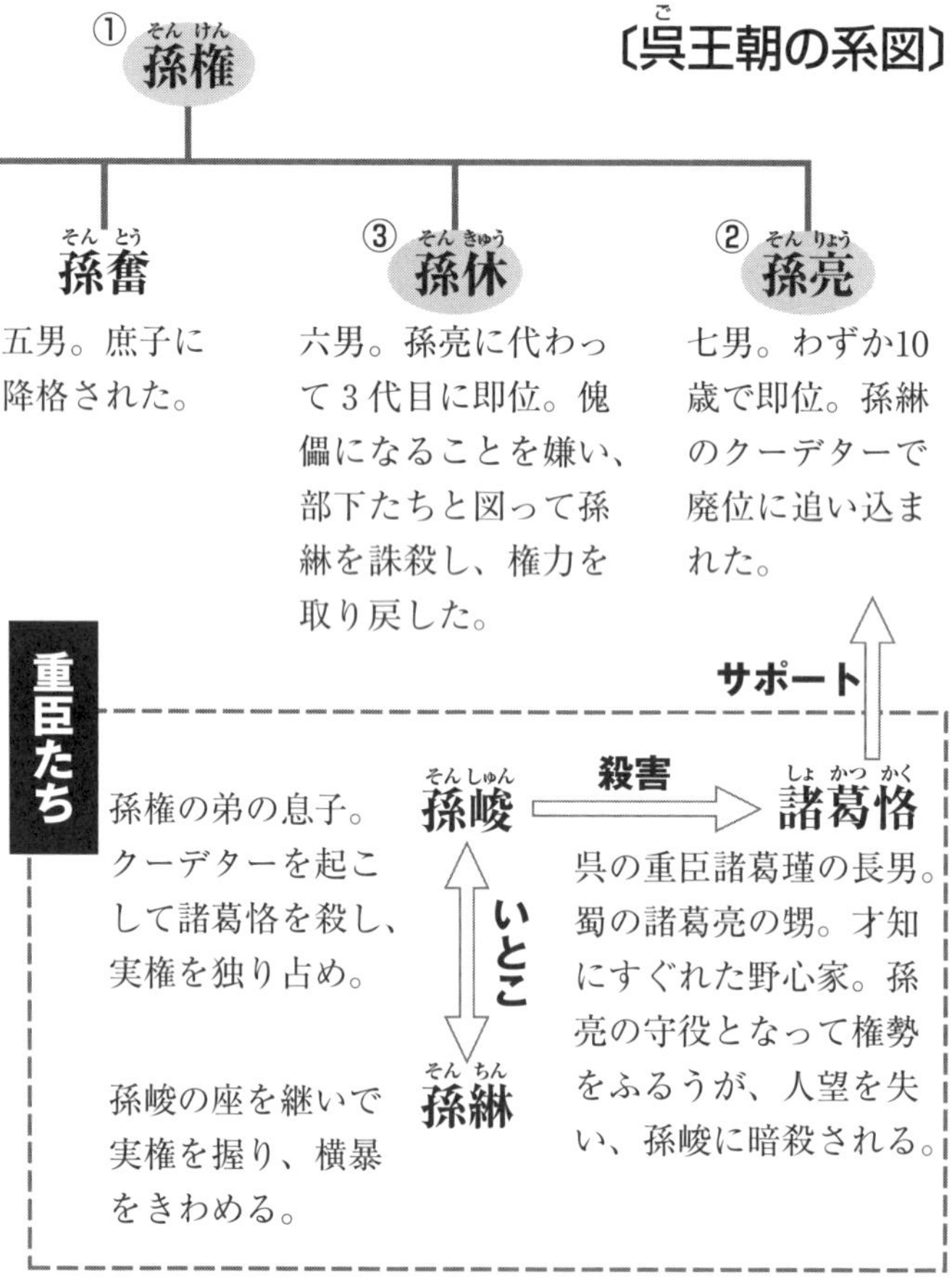
〔呉《ご》王朝の系図〕
①孫権《そんけん》
孫奮《そんとう》
五男。庶子に降格された。
③孫休《そんきゅう》
六男。孫亮に代わって3代目に即位。傀儡になることを嫌い、部下たちと図って孫綝を誅殺し、権力を取り戻した。
②孫亮《そんりょう》
七男。わずか10歳で即位。孫綝のクーデターで廃位に追い込まれた。
重臣たち
サポート
孫峻《そんしゅん》
孫権の弟の息子。クーデターを起こして諸葛恪を殺し、実権を独り占め。
殺害
諸葛恪《しょかつかく》
呉の重臣諸葛瑾の長男。蜀の諸葛亮の甥。才知にすぐれた野心家。孫亮の守役となって権勢をふるうが、人望を失い、孫峻に暗殺される。
いとこ
孫綝《そんちん》
孫峻の座を継いで実権を握り、横暴をきわめる。

呉《ご》は、初代皇帝の**孫権**《そんけん》が、長く健在で、魏《ぎ》や蜀《しょく》に比べ、比較的平穏な状態を保っていた。

しかし、**孫権**は晩年になると有能な家臣を憤死させ、佞臣《ねいしん》を重く用いるなど失策が目立つように。さらに後継者問題で、家臣団が分裂した。**孫権**の死後、10歳の**孫亮**《そんりょう》が皇帝となる。幼い帝に代わって実権を握ったのは、**諸葛恪**《しょかつかく》や**孫峻**《そんしゅん》などの重臣たちだった。

やがて蜀が滅び、魏が「晋《しん》」に代わる。4代皇帝**孫皓**《そんこう》の代になった呉は、その暴政によって衰亡が決定的となる。さらに名将だった**陸抗**《りくこう》（**陸**《りく》

孫登《そんとう》

長男。周瑜《しゅうゆ》の娘を妻とし、聡明で人望もあったが、病のため33歳で早世。

孫慮《そんりょ》

次男。20歳で病死した。

孫和《そんか》

三男。孫登の死後、皇太子となる。父の死後、後継者争いで庶子に降格された。

孫覇《そんは》

四男。父に寵愛され、孫和と同等の扱いを受けた。孫和派との派閥抗争で自害。

④ 孫皓《そんこう》

孫和の子で、４代目にして最後の皇帝。刑罰に厳しく、人の顔の皮を剥ぐなどの残酷な拷問を行なった。晋《しん》の侵攻時は、孫皓に見切りをつけて降伏する者も多かった。降伏から４年後、洛陽《らくよう》で病死。

呉の滅亡とともに

孫皓が晋に降伏した280年をもって、三国志の時代は幕を閉じた。

＊ （網掛け）は即位したもの

三国志note

「破竹《はちく》の勢い」で晋が呉を攻略する

呉の討伐を指揮した晋の将軍杜預《とよ》は、一時撤退しようとの意見に対し、「わが軍の威勢は大いにふるい、竹を割る（破る）ような勢いがある。敵はわが軍の攻撃を受けたなら、すぐに潰えてしまうだろう」と答えて攻撃を続行。呉を一気に攻め滅ぼした。

竹ははじめの節が割れると、残りも簡単に割れてしまう。このことから、止めがたい勢いを「破竹の勢い」と呼ぶようになった。

遜《そん》の息子）らが死ぬと、国を支える有能な人材がいなくなった。

２７９年、晋は20万の大軍で呉へ侵攻。翌年に**孫皓**は降伏して呉は滅亡し、晋が中国を統一する。

食を満たし、病も治した

肉まんの発明者は諸葛亮《しょかつりょう》?

『三国志演義』に、諸葛亮が供え物をして川の氾濫を防ぐ話がある。供えたのは、小麦粉をこねたものに牛や羊の肉を詰め、人の頭の形を模したもの。いわゆる「饅頭《まんじゅう》」だ。ここから諸葛亮が饅頭の発明者という説が生まれた。が、実際はそれ以前から饅頭らしきものは食されていたという。

饅頭を投げ込ませた

諸葛亮が「饅頭」を供える以前は、人間の頭が供えられていた。

わしが最初につくったのだ……たぶん

お屠蘇《とそ》のルーツは当代一の名医にあった

日本で元旦に飲まれている「屠蘇」。これは曹操《そうそう》の主治医であった華陀《かた》が処方したのが始まりだという説が濃厚だ。肉桂、山椒などの生薬を清酒に浸してつくる酒で、風邪予防などに効く。

第四部

人物伝

勇猛で名高い武将
知略にとんだ軍師たち
多彩な才能が
各地で花開いた

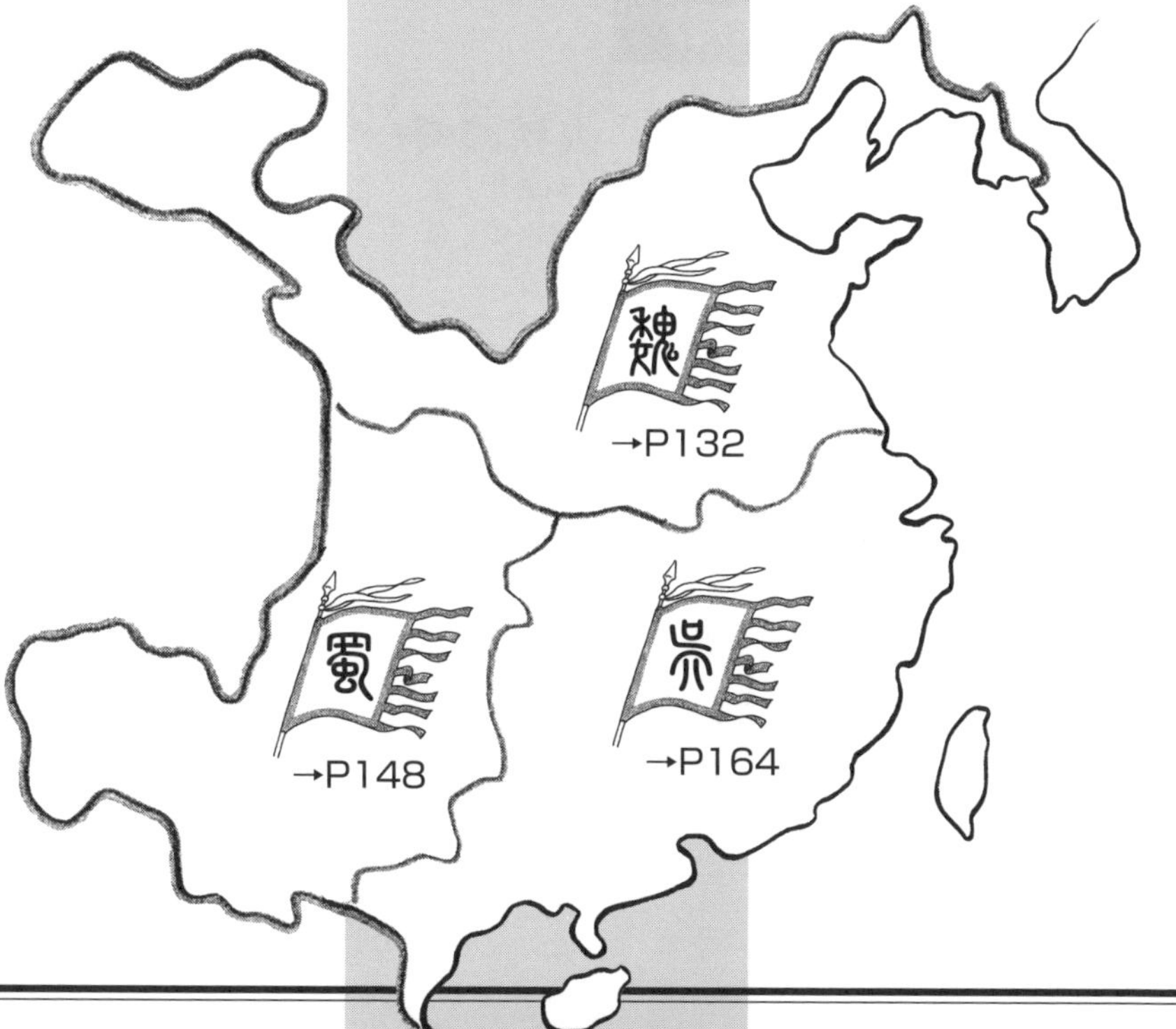

特徴

☆曹操の強力なリーダーシップ
☆多数集まった文武の専門家
☆超実力主義の精鋭軍団

当初、曹操《そうそう》は小規模勢力に過ぎず、夏侯惇《かこうとん》や曹《そう》仁《じん》といった親族が中心だった。やがて曹操の人物を見込み、荀彧《じゅんいく》や郭嘉《かくか》などの名士が参集。さらに曹操が広く人材を求め、また多くの敵を降すにつれ、文武のエキスパートが集まった。

〈武将〉

曹仁《そうじん》
武勇と人柄を兼ね備えた、曹操の忠臣。

夏侯淵《かこうえん》（いとこ）
勇気があり、敵の不意を突く急襲が得意。

夏侯惇《かこうとん》
曹操の右腕として、数数の戦功をあげる。

張部《ちょうこう》
劉備《りゅうび》軍にたびたび脅威を与える。

徐晃《じょこう》
誠実な知将。人望があり、情報戦に強い。

《ボディガード》

典韋《てんい》
身を挺して、曹操の命を救うことに……。

許褚《きょちょ》
曹操の側に仕え、何度も曹操の危機を救う。

張遼《ちょうりょう》
武勇にすぐれ、他国にもその名が伝わる。

卞《べん》夫人

曹操《そうそう》

数々の才能をもち、三国で最強の国をつくる。

甄《しん》夫人

曹丕《そうひ》

曹操の死後、魏《ぎ》帝国の初代皇帝となる。

曹植《そうしょく》

曹丕の兄弟。跡目争いに敗れる（P103へ）。

曹叡《そうえい》

曹操の孫。3代目として活躍するも、40歳前に死去。

信頼

いとこ

〈幕僚〉

司馬懿《しばい》

名将にして、名政治家。諸葛亮《しょかつりょう》の北《ほく》伐《ばつ》を食い止める。

程昱《ていいく》

曹操を励まし、支えた名参謀（P41へ）。

荀彧《じゅんいく》

曹操軍の幕僚として、数々の献策を行なう。

郭嘉《かくか》

とくに軍事面の参謀。曹操に可愛がられた。

荀攸《じゅんゆう》

荀彧の甥。「官渡《かんと》の戦い」で活躍（P48へ）。

賈詡《かく》

敵の参謀だったが、降伏。智謀に長けていた。

諸葛誕《しょかつたん》

蜀の諸葛亮、呉の諸葛《しょかつ》瑾《きん》と同族。

〈諸侯〉

曹《そう》操《そう》

当代きっての英雄。一代で大陸の半分を制する

すごい軍略家だ。私もよく逃げ延びたものだ……

曹操は、宦官《かんがん》の養子の子として生まれた。宦官だった祖父は一大権力者。だが、家柄や兵力に恵まれていたわけではなかった。

20歳の頃、朝廷に出仕し、洛陽《らくよう》の警察署長に着任。法令違反は、身分の高い者であっても容赦なく取り締まり、ときには打ち殺したため、法を破る者はいなくなった。

そうした苛烈で徹底した現実主義者である一方、優秀な人材を次々と登用して重く用いた。部下も**曹操**の

万能の人 曹操

兵法に通じ、戦を変えた軍学者

すぐれた軍略家であり、文章家で、兵書『孫子《そんし》』に注釈を入れた。それは後世の戦いにも大きな影響を与え、なお現存する。

新政策を次々繰り出す政治家

実力優先の人材登用、食糧確保のための屯田《とんでん》制、兵力確保のための兵戸《へいこ》制など画期的な政策を採用し、国力を充実させた。

文学史に欠かせない当代一の詩の名手

詩人としても名を知られ、「短歌行《たんかこう》」※など現存する作品もある。息子の曹丕《そうひ》、曹植《そうしょく》とともに建安《けんあん》文学の担い手だった。

人並みはずれた武勇の持ち主

兵の反乱に対し、剣を手に数十人を斬る、敵の屋敷に忍び込んで、追手を寄せつけずに逃げ去るなど、武芸に秀でていた。

字《あざな》／孟徳《もうとく》

生没年／155〜220年

※P2に一部引用文を掲載

先進性や行動力に惹かれ、陣営は盤石なものとなっていく。

圧倒的な実力を誇ったが、みずからは皇帝の座につかず死去したのも興味深いところだ。

子供

多くの妻がいた。男子だけで25人の子がいた。人妻や未亡人を側室にあげるなど、色好みでもあったようだ。

人相見の評価

「治世の能臣、乱世の姦雄」

「平時は有能な臣下、乱世では狡猾な英雄」。名高い人物評論家に会うなり、こう評された。

裏切りは許さない

知人の家に匿《かくま》われたとき、食器の音を聞いて、自分が殺されるのではと疑心暗鬼にかられた曹操は、知人一家を殺害してしまう。

容姿

体格は小さかったといわれる。『三国志演義』では、身長は7尺（約160cm）。

おれが相手を裏切ることがあっても
相手がおれを裏切ることは絶対に許さない

〈皇帝〉

曹《そう》丕《ひ》

曹操の後を見事にまとめ、魏の初代皇帝となる

曹丕
献帝《けんてい》
帝位をゆずり受け後漢《ごかん》王朝から魏《ぎ》王朝へと変わる

文武両道は父ゆずり

文

詩よりも評論が得意

曹操《そうそう》、曹植《そうしょく》と並ぶ文人・詩人として知られ、8歳で巧みな文章を書いたという。中国史上初の評論集『典論』を編纂した。

武

剣術や騎射が得意

11歳の頃には父の軍に従軍。皇帝となってから、3度、みずから呉に出兵している。

父**曹操《そうそう》**が築き上げた〝曹魏《そうぎ》〟の2代目。**曹操**と**卞《べん》**氏との間に生まれ、当初は三男だったが、異母兄ふたりが早世。跡継ぎとして育てられる。

220年に父が死去。魏王《ぎおう》に即位して跡を継ぐと、**献帝《けんてい》**に禅譲を迫り、後漢《ごかん》を滅ぼして正式に魏を建国。初代皇帝（**文帝《ぶんてい》**）となる。

『九品官人法』の制定など内政を整え、治世に大きな混乱はなかった。即位から6年後に病死。父同様「墓は飾るな」と遺言している。

曹操

冷静で超現実主義なのはわし以上かもしれん

字《あざな》／子桓《しかん》

生没年／187〜226年

曹叡は日本の使者に会ったかも?

『正史』には、周辺の異民族についても記されている。当時の日本（倭国）についての記録もある（魏志倭人伝《ぎしわじんでん》）。

それによれば、当時の日本には「邪馬台国」という国家があり、女王の卑弥《ひみ》呼《こ》が、238年と243年に魏に使者を派遣したとある。これに対し、魏も卑弥呼に使者を送り、「親魏倭王」の金印などを与えたという。

弥生時代の日本について記された、世界で唯一の史料という意味でも『正史』の存在は貴重だ。

魏

〈皇帝〉

曹《そう》叡《えい》

器量にすぐれた曹操の孫。早世が惜しまれる……

字《あざな》／元仲《げんちゅう》

生没年／205～239年

曹操
人を使うのに巧みで戦の才能もあったようだ

曹丕と**甄**《しん》氏の間に生まれた長男。生まれつきの美貌に加え、床に届くほどの長い髪をもっていたという。226年、皇太子に立てられ、同年5月に**曹丕**が死去し、皇位を継ぐ。

軍略に通じ、蜀《しょく》や呉《ご》の侵攻に対しては**司馬懿**《しばい》、**張郃**《ちょうこう》らを全面的に信頼して防がせ、ときにはみずからも出陣して、撃退に成功している。

父と異なり、気に入らない人物を遠ざけたり、処罰するようなことはなかった。36歳で病に倒れる。

そなたが行って
くれるなら
これほど
心丈夫なことは
ないぞ

〈幕僚〉

荀《じゅん》彧《いく》

旗揚げからのブレーン。「王佐の才」とたたえられた

曹操

わしを助けてくれた第一の功臣だったが……

曹《そう》**操**《そう》陣営における幕僚の代表格とされる人物。軍事・政治の両面で曹操に数々の献策を行なった。

名門の出であり、容姿にもすぐれた**荀彧**は「王を補佐する才能あり」と評された。はじめ**袁**《えん》**紹**《しょう》に仕えたが、見切りをつけて**曹操**のもとへ。**荀彧**を迎えた**曹操**は「わが子房《しぼう》※が来た」と、大いに喜んだという。

ただ、晩年は漢《かん》王室をないがしろにする**曹操**と対立。最期は病死とも、自殺ともいわれている。

最高の補佐役

多くの賢人を推挙

人脈を生かし、郭嘉《かくか》や荀《じゅん》攸《ゆう》など多くの有能な人物を推薦した。曹操が多くの参謀に恵まれたのは、荀彧の功績が大きい。

大勝を予言

「官渡《かんと》の戦い」で、弱気になった曹操が撤退しようとするのを止める。また、相手の袁紹軍の弱点をあげつらねて勝利を予告。その通りの結果となった。

留守を守る

荀彧自身はあまり戦場におもむかず、曹操の留守を守った。政治力にすぐれ、信頼を得ていた荀彧ならではの役割。

政治の指針を示す

洛陽《らくよう》に逃れていた献帝《けんてい》を迎え入れるべきだと進言。曹操はそれにしたがい、献帝という大きな後ろ盾を得た。

字《あざな》／文若《ぶんじゃく》
生没年／163〜212年

※　子房とは前漢で劉邦を補佐して活躍した張良のこと。

魏

〈幕僚〉

郭《かく》嘉《か》

曹操に愛された名参謀。早すぎる死が嘆かれる

曹操

軍事戦術の一番の相談相手だ

荀彧の推薦により、若くして**曹操**に仕えた。**荀彧**が留守を守って国を治めたのに対し、**郭嘉**は戦場にあって敵の心を読み、応変な策を立てるタイプの軍師だった。

呂布《りょふ》を攻めあぐね、**曹操**が撤退しようとしたときは攻撃続行をすすめ、**袁紹**との戦いにあたっては「殿には10の勝因があり、**袁紹**には10の敗因があります」と断言。いずれも勝利に導いた。しかし、病のために38歳の若さで死去してしまう。

曹操から「わしの大業を成就させてくれるのはこの男だ」といわれた郭嘉は、真の主人にめぐりあえたことを喜び、こう答えたという。

「真のわが主なり」

郭嘉が死ぬと、曹操は「わしの後を安心して託せるのは、郭嘉だと思っていた」と嘆いた。また、「赤壁《せきへき》の戦い」で敗れたときも、郭嘉の早世を悔やんだ。

字《あざな》／奉孝《ほうこう》
生没年／170～207年頃

郭奉孝が生きていれば……

〈諸侯〉

司《し》馬《ば》懿《い》

諸葛亮のライバル。クーデターで国を奪う

「能ある鷹は爪隠す」司馬懿は、その典型じゃ

司馬家の八兄弟のなかでも、才気にすぐれた人物として知られ、苛烈な性格ながら、感情を隠すのも巧みだった。当初は仕官を拒んだが、**曹操**《そう》が「捕らえてでも連れてこい」と命令したため仕えることになった。

果たして、**曹操**は**司馬懿**が鋭敏すぎることを知り、警戒して重く用いなかったという。

しかし、**曹操**の死後、跡を継いだ**曹丕**《そうひ》に気に入られ、徐々に頭角をあらわしていく。

字《あざな》／仲達《ちゅうたつ》

生没年／179〜251年

ライバル諸葛亮《しょかつりょう》との対決

勝利ポイント1 相手の予想より早く動く

諸葛亮に内通した孟達《もうたつ》を討つため独断で、通常は1ヵ月かかる道のりを、わずか8日で進軍。すばやく孟達を始末した。

勝利ポイント2 持久戦にもちこむ

たびたび戦いを挑む諸葛亮に、一度は応戦した司馬懿。しかし、以後は固く陣を守ったまま動かなかった。

勝利ポイント3 君主の曹叡《そうえい》を上手に利用

一向に出撃しないことに対し、将兵の不満が募ると、それを和らげるために曹叡に出撃許可を求める。曹叡から、改めて「固く守れ」との命令が下された。

勝利ポイント4 情報収集と冷静な分析

蜀《しょく》の使者に諸葛亮の様子をたずね、その多忙さと小食ぶりを聞いた司馬懿は、諸葛亮が長くはもたないと予測。やがて諸葛亮が病死し、蜀軍は退却した。

曹操
残念だが、わしの子孫より
こやつのほうが上手だ

曹丕が死ぬときには、後継者**曹叡**《そうえい》の補佐を託される。また、**諸葛亮**《しょかつりょう》が攻めてきた際には、防衛軍の指揮官に任命され、見事に防いだ。

いよいよ司馬一族の時代がおとずれた

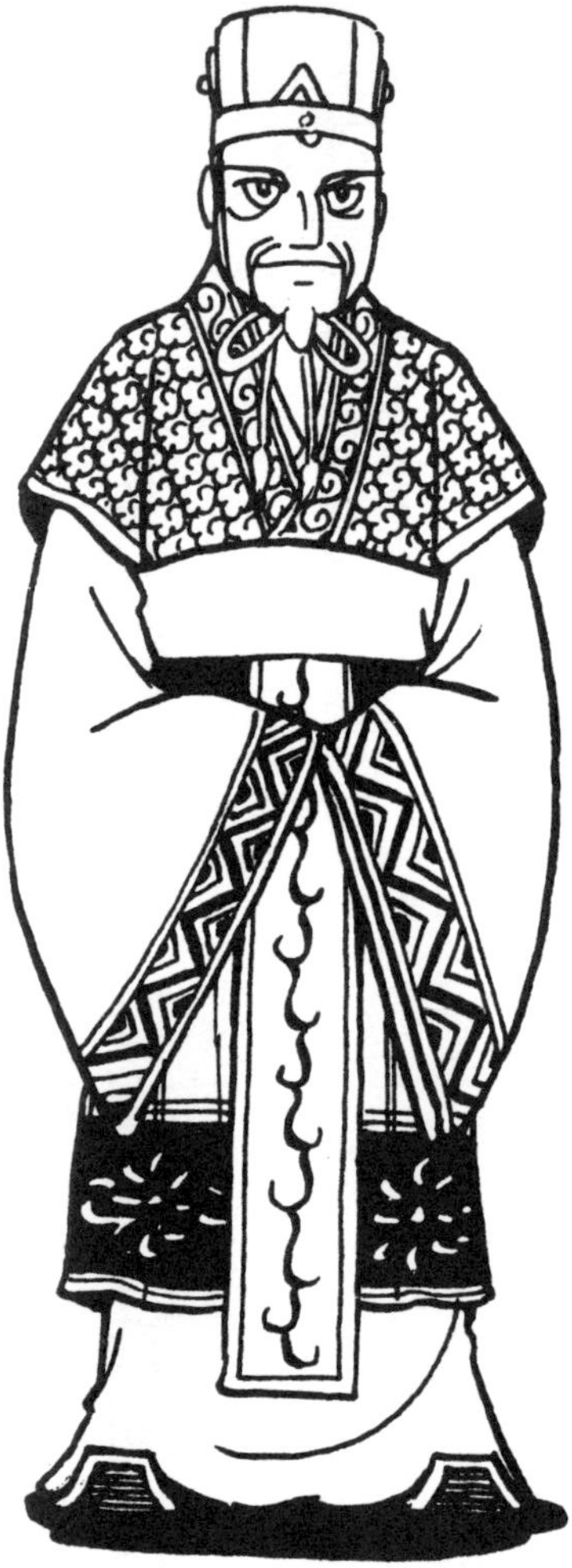

その後、**公孫淵**《こうそんえん》の反乱などを平定して軍事権を手中に収めた。さらに権力者**曹爽**《そうそう》の虚を突いてクーデターを敢行。朝廷から**曹氏**一族を一掃して大権を掌握した。孫の**司馬炎**《しばえん》は魏の皇帝が**曹奐**《そうかん》のとき、皇統の禅譲を受けて晋《しん》を興した。

三国志note

君臣のビミョーな力関係

軍師は他の家臣とは違い、君主の相談役であり、文字通り「師」でもあったため、強い発言力をもった。

曹操と荀彧《じゅんいく》のように、君主と軍師が意見を違えることもある。君主に服従するだけでなく、ときには君主をいさめることも、その役割であった。

ただし、曹操は、戦いの功績を鼻にかけ、無礼な態度をとった許攸《きょゆう》という軍師を処刑している。

曹操の存命中は才能を隠した司馬懿のような「処世術」も、乱世を生き抜くためには必要だったのだろう。

〈武将〉

夏《か》侯《こう》惇《とん》

片眼を失った筆頭武将。曹操から特別に信頼された

字《あざな》／元譲《げんじょう》
生没年／?〜220年

挙兵当初からわしの右腕だった

曹操《そうそう》とは、いとこ同士の間柄で、旗揚げ以前から面識があったと思われる。**呂布**《りょふ》軍との戦いで左眼に矢を受ける重傷を負い、それからは、**夏**《か》**侯淵**《こうえん》と区別する意味でも「盲夏侯《もうかこう》」と呼ばれた。

曹操軍を代表する「武の要」として**曹操**をサポート。**曹操**が遠征した際の留守役をつとめることも多く、司令官としての活躍が目立った。

それだけに**曹操**からの信頼は絶大。馬車への同乗や、**曹操**の寝室に自由

「師を迎えて学問に励む」

陣中に、師を呼び入れるほどの勉強家。14歳のとき、学問の師を侮辱した男を殺害したとも記録されている。

矢が刺さった目玉を食べた？

『三国志演義』では、目玉を射抜かれた際に、矢をもろとも引き抜き「もったいなや！」と叫んで目玉を飲み込み、すぐさま矢を放った敵将を斬った。

な出入りが許されていたほどだった。
晩年は、軍政の最高職である大将軍に任命されたが、**曹操**の後を追うように、ほどなく病死した。

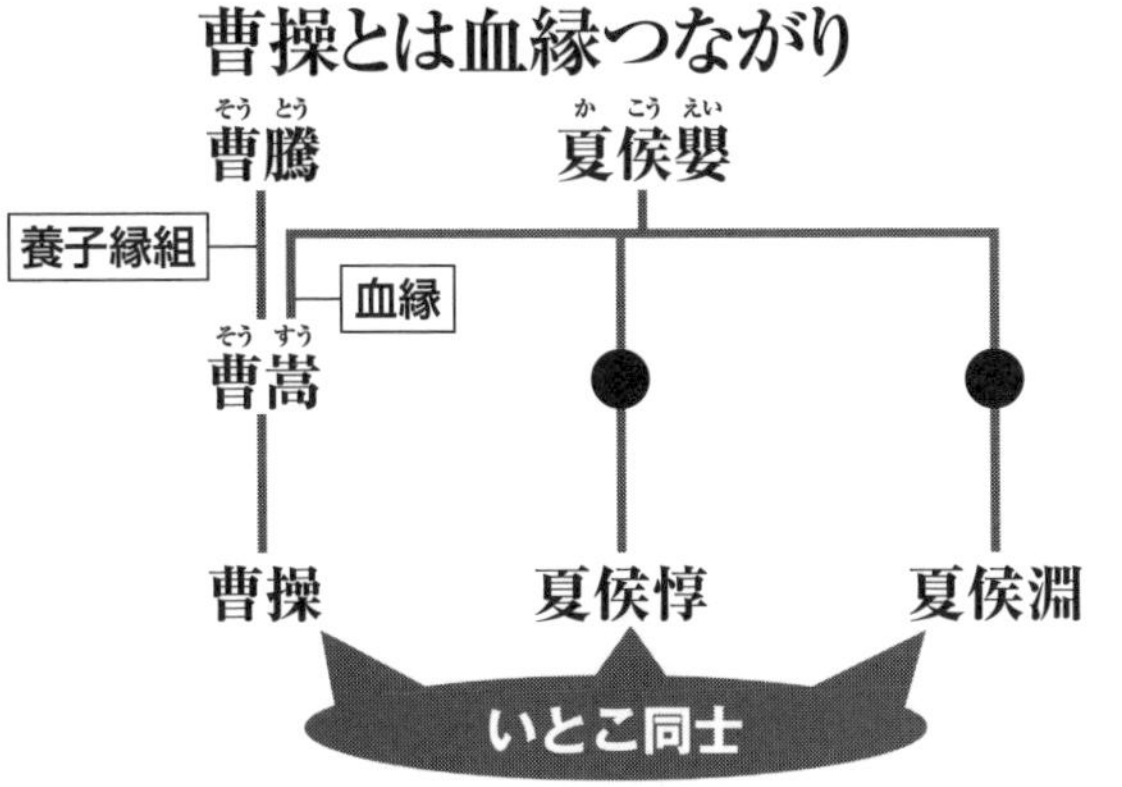

曹操とは血縁つながり
曹騰《そうとう》
夏侯嬰《かこうえい》
養子縁組
血縁
曹嵩《そうすう》
曹操
夏侯惇
夏侯淵
いとこ同士

魏

〈武将〉

夏《か》侯《こう》淵《えん》

魏の名将。奇襲を得意とした

字《あざな》／妙才《みょうさい》
生没年／?〜219年

曹操

前衛も後方支援も任せられる男だ

夏侯惇とともに、**曹操**の旗揚げからしたがった。兵を率いることが得意で、その迅速な行軍は「3日で5百里、6日で千里」とたたえられた。

曹操が勢力を拡大すると、西方を守る指揮官として活躍し、**馬超《ばちょう》**や**韓《かん》遂《すい》**らと戦い、涼州《りょうしゅう》を平定。**曹操**が漢中《かんちゅう》を得ると、その守備を任され、**劉《りゅう》備《び》**軍との戦いで戦死した。

武勇にすぐれた名将だったが、**曹操**からは「指揮官は、ときには臆病さも必要」と戒められていた。

三国志note

三国そろって、実は親族?

「官渡《かんと》の戦い」が起こった200年頃、張飛《ちょうひ》は薪刈りをしていた娘をさらい、自分の妻とした。なんとその娘は、夏侯淵の姪だった。

ふたりの間には娘がふたり生まれ、ともに劉禅《りゅうぜん》に嫁いだ。夏侯淵は曹操のいとこなので、劉禅は曹操とも親戚となる。劉禅の父劉備は孫権《そんけん》の妹と結婚している。つまり、曹操、劉備、孫権はみな親族といえてしまうのだ。

魏

〈武将〉

張《ちょう》遼《りょう》

関羽の盟友。知勇を兼ね備えた

曹操

合肥《ごうひ》での大活躍、わしも見たかった

もとは**呂布《りょふ》**の部下だったが、**呂布**が**曹操《そうそう》**に敗れ処刑されると、**曹操**に降って仕えるようになる。

外様武将ながら、**曹操**軍を代表する名将として活躍。**孫権《そんけん》**が10万の大軍を率いて攻め寄せた「合肥の戦い」では、わずか数百の決死隊を率いて奇襲をかけ、**孫権**軍を大混乱に陥れるなどして、城を守り抜いた。

その際、退却する**孫権**を追撃。大軍を突破し、**孫権**にあと一歩のところまで迫る武勇を見せた。

「遼《りょう》来《らい》来《らい》」

合肥の戦いで、孫権軍の奥深くまで斬り込んだ張遼の武名は、孫呉《そんご》に広く轟いた。子供が泣きやまないときは「遼来来（張遼が来るぞ）」といえば泣きやんだという逸話が残る。

ここでおぬしが死ねば3つの罪があとで数えられる
なにっ
張遼

『三国志演義』では、曹操軍に囲まれ孤立した関羽に、生きて投降するよう説得する見せ場がある。

字《あざな》／文遠《ぶんえん》
生没年／169～221年

〈武将〉

曹《そう》仁《じん》

武勇と人柄は諸将の手本となる

字《あざな》／子孝《しこう》
生没年／168〜223年

曹操
彼の勇気を見習ってほしい

曹操のいとこで、**夏侯惇**《かこうとん》らとともに旗揚げからしたがった最古参の武将。

主に荊《けい》州方面を守り、219年には**劉備**《りゅうび》軍の**関羽**《かんう》の侵攻を受けるが、粘り強く耐え、樊城《はんじょう》を守り抜く。また、南郡での戦い（P76）で、部下が**周瑜**《しゅうゆ》の大軍に包囲されると、数十騎を率いて囲みを破り救出するなど、武勇・人柄ともすぐれた将軍だった。

「将軍はまさに天人なり」

部下が敵に囲まれると、将軍みずから飛び出し、救出に成功。こうたたえられた。

〈武将〉

張《ちょう》郃《こう》

豊富な実戦経験で蜀の侵攻を食い止めた

字《あざな》／儁乂《しゅんがい》
生没年／?〜231年

「官渡《かんと》の戦い」のさなか、**袁紹**《えんしょう》を見限って**曹操**に投降。以後、**曹操**軍でも屈指の名将として30年以上にわたり、前線で戦い続けた。

張遼と同じく知勇と将器を兼ね備え、定軍山《ていぐんざん》の戦いで**夏侯淵**《かこうえん》が戦死すると、主将に収まり混乱を鎮めた。また、晩年は**諸葛亮**《しょかつりょう》の北伐《ほくばつ》を防ぐため最前線で活躍。**馬謖**《ばしょく》を撃破するなど、重要な働きをした。

「国家の名将にして、**劉備**の懼《おそれ》るところなり」といわれる。

〈武将〉

典《てん》韋《い》

忠実なる守護神。曹操の盾となって息絶えた

曹操

死なせたのはわしのミス。悔やんでも悔やみきれぬ

堂々とした体格を誇り、誰も持ち上げられない大旗を、片手で持ち上げる怪力の持ち主。**夏侯惇**《かこうとん》に見出されて、**曹操**《そうそう》の親衛隊長をつとめた。

酒食を好み、飲み食いの量は人の倍。宴会ともなれば、左右から酒を注ぎ、給仕を数人に増やしてやっと間に合うほどだった。

双鉄戟などの重い武器を愛用し、敵に恐れられた。**張繍**《ちょうしゅう》が謀反を起こしたときに、**曹操**を逃がすため盾となって戦い、命を落とす。

死に際

典韋は数十人の部下とともに、敵の大軍を防ぐため必死に戦った。戟を一振りすると、敵がもつ十数本の武器が砕かれたほどの奮戦の挙句、全身に傷を負い、なおも数人を殺してから息絶えた。

字《あざな》／?

生没年／

?〜197年

〈武将〉

許《きょ》褚《ちょ》

典韋亡き後の曹操のボディガード

容姿

許褚の身長は８尺（約184㎝）余り、腰回りは５尺（約115㎝）の巨漢と記される。力士のような風貌。

睨みをきかせ敵を震え上がらせた

馬超

曹操が関中《かんちゅう》軍と会談したとき、馬超《ばちょう》は曹操を暗殺しようとしたが、許褚が背後で目を光らせていたために動くことができず、黙って引きかえした。
『三国志演義』では馬超と一騎打ちをし、猛攻を防ぐシーンがある。

曹操

側にいてくれるだけでじつに心強い豪傑じゃ

片手で牛の尾をつかみ、百歩あまりも引きずるほどの怪力を誇り、それを見て賊軍が逃げてしまったほどの豪傑。虎のような武勇をもちながら、ふだんはボーッとしていたため「虎痴《こち》」と呼ばれていた。

「潼関《どうかん》の戦い」で、**馬超《ばちょう》**の大軍に追われた**曹操**の船が沈みそうになったとき、**許褚**は片手で馬の鞍を盾にして矢の雨を防いだ。さらに片手で船を漕ぎ、脱出を手助けするなど、**曹操**の危機を何度も救っている。

字《あざな》／仲康《ちゅうこう》
生没年／?〜?

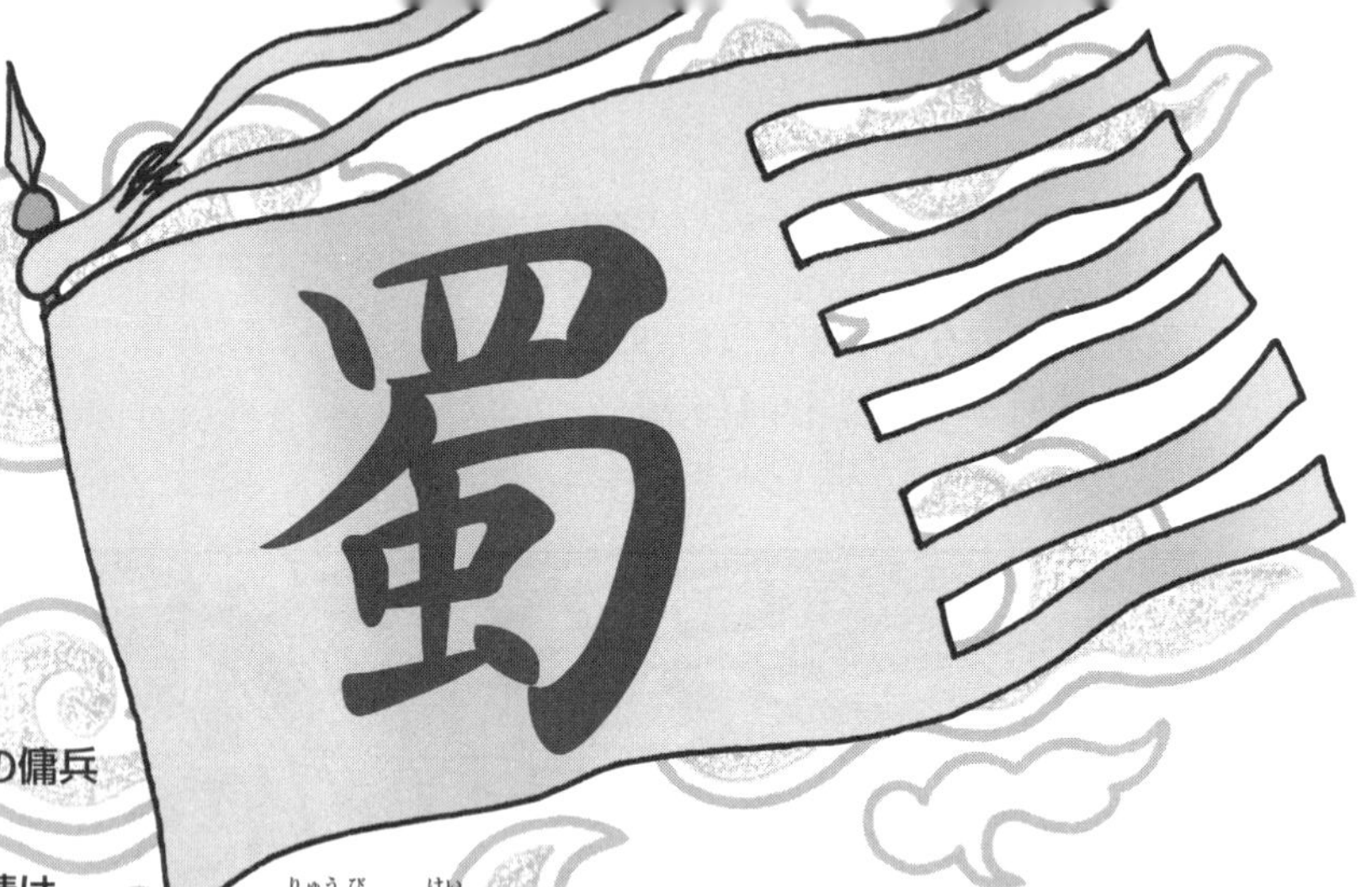

特徴

☆荒くれ者の傭兵集団
☆義理、人情はなにより大切

劉備《りゅうび》は荊《けい》州を得るまで決まった拠点はなかったが、その人柄に惚れた者たちが集まっていた。旗揚げ時からつきしたがった関羽《かんう》、張飛《ちょうひ》らの豪傑に、荊州からは諸葛亮《しょかつりょう》、益《えき》州からは法正《ほうせい》といった軍師や知将が続々と加わる。

義兄弟

〈武将〉

〈五虎将〉

関羽《かんう》

武勇にすぐれ、忠義に厚い。旗揚げ時から劉備軍の要。

張飛《ちょうひ》

旗揚げメンバー。失敗もするが、勇猛で名高い。

趙雲《ちょううん》

劉備をいさめる冷静さをもち、“大敗しない”将軍。

馬超《ばちょう》

劉備が蜀《しょく》を得る直前に合流。すぐれた容貌の猛将。

黄忠《こうちゅう》

赤壁《せきへき》の戦い後に従軍。老齢だが、武名高く、義に厚い。

魏延《ぎえん》

赤壁の戦い後、荊《けい》州平定のときに加わった。

孫《そん》夫人
呉《ご》から嫁いできた孫権《そんけん》の妹（P78、185へ）。

政略結婚

劉備《りゅうび》
蜀の初代皇帝。

甘《かん》夫人

劉禅《りゅうぜん》
蜀の２代目にして最後の皇帝。魏《ぎ》に降伏する。

信頼

〈幕僚〉

諸葛亮《しょかつりょう》
劉備を支え、蜀を三国の一角に押し上げた。

龐統《ほうとう》
諸葛亮と並び称された名軍師。実戦での献策が得意。

法正《ほうせい》
荊州から合流した軍師。劉備に可愛がられる。

鄧芝《とうし》
有能な外交官（P111）。北伐で趙雲の副将をつとめる。

馬良《ばりょう》
荊州の名士である馬家の四男。呉との外交で活躍。

兄弟

馬謖《ばしょく》
馬良の弟。軍略に通じているはずだが……。

姜維《きょうい》
北伐《ほくばつ》中の諸葛亮に降った。諸葛亮に高く評価される。

〈皇帝〉

劉《りゅう》備《び》

漢王室再興の旗をかかげて中国大陸を駆け抜ける

本当の劉備はどっち？

高潔で仁徳ある義人

兵力も地盤もないが、なぜか人を惹きつける。とくに『三国志演義』では、無欲で正義感に富む聖人として描かれる。

荒くれ者を束ねる親分

放浪する傭兵集団のリーダー。曹操《そうそう》、袁紹《えんしょう》、呂布《りょふ》、劉表《りゅうひょう》などの人物に仕えながら、結局その下につくことはない。

容姿

身長は７尺５寸（約172.5cm）、腕は膝に届くほど長く、耳は自分で見ることができるほど大きかった。ひげは薄かったという。

「皇帝の血筋」？

劉備が拠り所としたのは、前《ぜん》漢《かん》の景帝《けいてい》の子、中山靖王劉勝《ちゅうざんせいおうりゅうしょう》の末裔という血筋。しかし、劉勝には120人以上の子がいたといわれ、本当だったのかはわからない。

曹操

わしが英雄と認めた唯一の男だ

劉備の出身は、中国北部の幽《ゆう》州。土豪の家に生まれたが、幼い頃に父が死んだため、母とともに莚《むしろ》を織る貧しい生活をしていた。

立派な体格をしていた**劉備**は、地元では伊達男として知られ、自然とその周りには多くの若者が集まるようになったという。

「黄巾《こうきん》の乱」が起きると鎮圧に決起し、その後は各地を転戦。漢《かん》王室の復興をめざすが、兵力に恵まれず敗戦、逃亡を重ねる。やがて**諸葛亮**《しょかつりょう》に

字《あざな》／玄徳《げんとく》
生没年／161〜223年

さきほどの件はかようにお答えなさいませ

「水魚の交わり」

出会い、「天下三分の計」に基づいて益《えき》州の地を得ると、曹操《そうそう》に対抗して蜀《しょく》を建国し、皇帝に上りつめた。

劉備と諸葛亮が親密すぎることを妬いた関羽らに対し、劉備は「私にとっての諸葛亮は、魚にとっての水のようなもの」といってなだめた。

〈皇帝〉

劉《りゅう》禅《ぜん》

暗君か、名君か、評価は分かれる

字《あざな》／公嗣《こうし》
生没年／207～271年

劉備
孔明のいうことを聞いたのは利口だ

劉備の子で蜀の2代皇帝。263年、魏軍に攻められ、みずからは戦わずに降伏。幼名の〝阿斗《あと》〟は暗君の代名詞となっている。

一方で、**劉備**の死から40年、蜀の命脈を保たせたことから、暗君ではなかったという見方もされる。

〈幕僚〉

諸《しょ》葛《かつ》亮《りょう》

忠臣の鑑。蜀の大黒柱となった

彼の「天下三分の計」で蜀の皇帝になれた

「**孔明**《こうめい》」という字《あざな》で有名な、大政治家。父は後漢《ごかん》の役人だったが、**諸葛亮**が幼い頃に亡くなり、弟とふたり、叔父のもとで育てられた。

その後、荊《けい》州で隠遁生活を送る。**諸葛亮**は、その智謀と将来性から、一部の知識人の間では「臥龍《がりょう》」（眠れる龍）と呼ばれ、注目されていた。「三顧《さんこ》の礼」を受けて**劉備**《りゅうび》に仕えると、「赤壁《せきへき》の戦い」にあたり、**孫権**《そんけん》陣営に乗り込んで同盟を成功させる。これが**諸葛亮**の初仕事であった。

八面六臂《はちめんろっぴ》の活躍

内政
蜀の法律である「蜀科」を制定したり、錦、塩、鉄など蜀の資源を活用し、交易を盛んにして国力の底上げを図った。

外交
荊州での争いから関係のこじれた呉《ご》と同盟を結びなおす。また、南方の蛮族を心から心服させるように努めた。

軍事
八陣図《はちじんず》を作成するなど軍事や兵法にも精通。ただ、戦法は正攻法が多く、奇策やバクチ的な作戦はあまり用いなかった。

発明
一度に10本の矢を同時に発射できる連発式の弩《ど》、物資や食料を運搬する装置である木牛《ぼくぎゅう》や流馬《りゅうば》などを開発した。

字《あざな》／孔明《こうめい》
生没年／181～234年

劉備の死後、蜀《しょく》の政治をすべて担い、魏《ぎ》を打倒するため北伐《ほくばつ》を敢行した。だが、魏との戦力差はあまりに大きく、悲願を達成することはできず、五丈原《ごじょうげん》で病に倒れた。激務による過労が原因であったという。

三国志note

神格化された理由は?

『三国志演義』では、羽扇を手に四輪車に乗り、悠々と采配を振るのがおなじみのスタイル。敵の心を読み、天文や医学に通じ、人の寿命まで察知できる超人のように描かれている。

だが実際は、諸葛亮はそのような完璧な人物ではない。むしろ劉備に愚直に忠義を誓い、蜀のため命を散らした生き方そのものに、古くから多くの人が心酔し、神格化された。

人々は孔明の死を惜しんで号泣した
「死せる孔明、生ける仲達を走らす」

諸葛亮を亡くし撤退する蜀軍を、司馬懿《しばい》（仲《ちゅう》達《たつ》）は追撃するも、すぐに退いた。これを見た人々がいったという。現在、「すぐれた人は、死後も他人の行動に影響を与える」という意味のことわざとして使われる。

容姿

身長は8尺（約184cm）。すぐれた容貌だったという。

〈幕僚〉

龐《ほう》統《とう》

諸葛亮と並ぶ智者。才能を開花しきれず……

劉備

見た目は冴えないが意外にデキる男だ

「臥《が》龍《りょう》」と呼ばれた諸《しょ》葛《かつ》亮《りょう》に対して、鳳《ほう》雛《すう》（鳳《ほう》凰《おう》のヒナ）と呼ばれた知恵者。**諸葛亮**と同様、荊《けい》州の名士として知られていた。

臨機応変な策に長けた実戦派の軍師で、**劉《りゅう》備《び》**が蜀《しょく》に入ったときは、**諸葛亮**が留守を預かり、**龐統**が**劉備**の補佐に選ばれた。

劉備の益《えき》州攻めでは的確な策を授け、貢献したが、その戦いのなか、流れ矢に当たって絶命。惜しまれる死だった。

「君臣ともに間違っていたのです」

龐統が劉備をいさめて、宴会を追い出されたときのこと。後悔して彼を呼び戻した劉備が、「さっきは、誰が間違っていたか」と問うと、こう答えた。劉備も大笑いしたという。

字《あざな》／士《し》元《げん》

生没年／179〜214年

〈幕僚〉

法《ほう》正《せい》

非凡な才で劉備の信頼を勝ち得る

諸葛亮

私とはウマが合わぬが軍才は蜀でもピカイチだ

はじめは**劉《りゅう》璋《しょう》**の配下だったが、劉備の実力を見込んで、彼の益州攻略に加担。その後は、**劉備**軍随一の参謀として活躍した。

戦いのなかで、矢の雨にさらされても意地を張って退却しない**劉備**を見て、身を呈してその前に立ち、退却を決意させるなど、豪胆さも持ち合わせていた。

２２０年に病死。

字《あざな》／孝《こう》直《ちょく》

生没年／176〜220年

〈幕僚〉

馬《ば》良《りょう》

字《あざな》／季常《きじょう》
生没年／
187〜222年

「白眉、最も良し」すぐれた名士だった

諸葛亮

信頼のおける義弟。私より早く死ぬとは……

荊州出身の名士。五人兄弟でもっとも優秀といわれ、眉毛が白いため「白眉《はくび》」と呼ばれた。このことから、すぐれた人物を「白眉」と呼ぶ故事が生まれた。

諸葛亮とは義兄弟の間柄と思われる。呉《ご》との外交や異民族の討伐などで活躍するが「夷陵《いりょう》の戦い」で戦死。享年36。**龐統**や**法正**と同様、早すぎる死であった。

〈幕僚〉

馬《ば》謖《しょく》

プライドが高かった？北伐失敗の一因をつくる

字《あざな》／幼常《ようじょう》
生没年／
190〜228年

「城を攻めるより、心を攻めるべきでしょう」

劉備

口先だけの男とわしは念を押したが……

「泣いて馬謖を斬る」の語源となったことで有名な人物。

荊州の名家である「**馬氏の五常**（五人兄弟）」の五男で、**馬良**の弟。軍略に通じていたが、**劉備**は「口先だけの男だから、重用してはならない」といい残した。

しかし、**諸葛亮**は**馬謖**の才能を愛し、後年の北《ほく》伐《ばつ》で要所の守備を任せる。その結果、**馬謖**は命令に背き大敗してしまう（P118へ）。**劉備**の人を見る目が確かだったことを証明する逸話である。

北伐の前に、南方の平定に向かう諸葛亮に対する言葉。「用兵は、敵を心服させることが上策で、武器による戦いは下策である」諸葛亮はこの言葉にしたがい、南蛮を平定した（P112へ）。

〈武将〉

関羽《かんう》

忠義に厚い美髯公《びぜんこう》。敵将でさえ、惚れ惚れした

肘を切って
傷口をあけ
骨を削って
毒を除かなければ
なりません

そうか
では

宴会をしながら外科手術を受ける

以前、矢に当たった古傷が痛み、医者に見せると、毒矢の毒が骨に残ったままと判明。宴会中の関羽は、その場で手術させ、飲み食い、談笑を続けた。

諸葛亮

義理堅く、武勇も抜群。まさに孤高の武人

劉備《りゅうび》軍のなかでも、群を抜く戦功と名声を誇る、筆頭格の武将。放浪時代に**劉備**と出会い、**張飛**《ちょうひ》とともに**劉備**の旗揚げに協力。それから終生、忠誠を尽くすこととなり、3人は兄弟のような間柄となった。

武勇にすぐれ、**張飛**と並んで「一万の敵に相当する」と噂され、敵国の**張遼**《ちょうりょう》や**徐晃**《じょこう》といった武将らにも尊敬されていた。一方では学問を好み、『春秋左氏伝』を愛読するなど、文武両道の典型だった。

字《あざな》／雲長《うんちょう》
生没年／
?〜219年

「馬超は一代の傑物です。張飛とは、ライバルになりましょうが、ヒゲ殿（関羽）にはおよびません」

諸葛亮《しょかつりょう》のお世辞に大喜びした

関羽はプライドが高かった。馬超《ばちょう》が劉備軍に加わったとき、関羽は彼の人物を諸葛亮に問い合わせた。関羽の性格を知っていた諸葛亮は、このように返答。関羽はこの手紙に大喜びしたという。

容姿

美しいひげを生やした偉丈夫。『三国志演義』では、帝が「まこと、美髯公だ」と褒め、これが通称となった。

晩年は益州《えき》を攻める**劉備**に代わって荊州《けい》を守るが、魏《ぎ》と呉《ご》の挟み撃ちにあって戦死。**関羽**の性格として、部下には優しいが、身分の高い人物を見下す傾向があり、これが災いして、命を落とすことにもつながった（P100へ）。

三国志note

死んで、神となった

関羽は、その武勇と忠義心から死後まもなくして、神様として祀られることとなった。現在でも中国人は各所にある関羽の廟を崇め、守護神として関羽像を置く一般家庭も多い。

日本にも、主なところで10ヵ所以上の関帝廟が存在する。

横浜中華街の関帝廟

〈武将〉

張《ちょう》飛《ひ》

一騎で一万人に匹敵！その大喝に敵軍が震えた

字《あざな》／益徳《えきとく》
生没年／
?〜221年

欠点も多いが愛すべき勇猛果敢な弟だ

劉備《りゅうび》と同じ郡の出身。**劉備**が「黄《こう》巾《きん》の乱」に決起し、義勇兵を集めたとき、**関羽《かんう》**とともに配下となり、その護衛役をつとめる。

劉備、**関羽**とは兄弟のように接し、旗揚げ当初は同じ寝台に休んでいたほどだった。

関羽同様、魏の**程昱《ていいく》**に「ひとりで一万の兵に匹敵する」と評され、呉《ご》の**周瑜《しゅうゆ》**に「私に**関羽**や**張飛**を使わせれば大事業もなせる」といわれた。

若い頃は、**呂布《りょふ》**軍との戦いで守備

容姿

『三国志演義』では身長８尺(184cm)、豹のようにゴツゴツした頭、エラが張ったあごには虎のようなひげという、いかつい荒武者のように描かれている。

三国志note

本当の張飛は謎だらけ

酒好きで暴れん坊といった張飛のイメージは、後世になって広まったもの。『正史』には、張飛の容貌も酒を飲む様子も書かれていない。また、張飛の字《あざな》は『三国志演義』では「翼徳《よくとく》」とされる。これは「益」と「翼」の発音が同じため間違われたなどの説があるが、何だか謎めいている。

ただ、武勇伝は戦国時代の日本にも伝わっており、本多忠勝という武将が、織田信長に「そなたは日本の張飛だ」と称賛されたといわれている。

していた下邳《かひ》を奪われるなど失敗もあったが、益《えき》州攻めでは**厳《げん》顔《がん》**を生け捕りにし、漢中《かんちゅう》では計略を使って**張部《ちょうこう》**を破るなど、勇猛なだけでなく、武将として着実に成長を遂げた。

上の者を敬愛し
下の者には厳しい

知識人には紳士的にふるまうが、兵卒や身分の低い者は軽んじて傲慢にふるまい、些細なことで罰を与えることもしばしば。

↓

死に際

部下の将に殺害された。性格における欠点が、死につながったといえる。

あくまで降伏しない敵将の厳顔に感心した張飛は縄をといた
ブッ
?
「わが州には、首をはねられる将軍がいても、降伏する将軍はいない」と答えた厳顔に感服し、仲間に加わるよう厚遇した。

これは失礼いたした趙子龍と申します

蜀

〈武将〉

趙《ちょう》雲《うん》

冷静で無欲な仕事人。沈みゆく蜀に命をささげる

劉禅《りゅうぜん》の命を2度救った

1 長阪《ちょうはん》の戦いで抱いて敵軍から逃げる

『三国志演義』では劉禅を抱いて、ただ一騎で曹操《そうそう》軍数十万の包囲を破って駆け抜け、曹操の愛刀を奪って劉備のもとへ帰還する（P66へ）。

2 呉へ連れていかれるところを保護する

劉備と結婚した孫《そん》夫人が、のちに呉《ご》へ帰るとき、劉禅を連れ帰ろうとした。趙雲は張飛《ちょうひ》と協力し、行く手を阻んで取り戻した。

諸葛亮

肝が据わっていて獅子奮迅の活躍をした

劉備《りゅうび》が荊州《けいしゅう》へと逃れる際に行動をともにし、護衛役として活躍。「赤壁《せきへき》の戦い」の前に起きた「長阪《ちょうはん》の戦い」（Ｐ64）で、**劉備**軍は**曹操《そうそう》**の大軍の追撃を受けて四散するが、**趙雲**は**劉備**とはぐれた**甘《かん》**夫人、子供の**阿斗《あと》**（**劉禅《りゅうぜん》**）を保護し、無事脱出に成功した。

劉備が蜀《しょく》を得てからも長く活躍し、「漢中《かんちゅう》の戦い」で**曹操**軍に追撃を受けたときは、空城の計（Ｐ97）を用いて撃退するなど、知略にもすぐれ

字《あざな》／子龍《しりゅう》
生没年／?～229年

容姿

身長８尺（約184cm）の偉丈夫。ハンサムですぐれた体格をしていた。

厳格な性格で、降伏してきた太守から、「未亡人の兄嫁がいるので、妻にどうか」とすすめられるが「天下に女はたくさんいる」と断った。

「負け戦に恩賞は不要です。この物資は、国庫に納め冬の仕度品として兵士たちにお与えくださいますように」

第一次北伐《ほくばつ》で撤退するとき、見事に殿《しんがり》をつとめて、無事に引き上げさせた。諸葛亮《しょかつりょう》から、その恩賞を渡されるが、こう申し出て諸葛亮を喜ばせたという。

ていた。

関羽《かんう》、**張飛《ちょうひ》**、**馬超《ばちょう》**、**黄忠《こうちゅう》**と並ぶ**劉備**軍の名将で、『演義』では華々しい活躍もあって五虎将のひとりに数えられている。

位は5人のなかで一番低かったが、もっとも長命であり、最後まで国のために力を尽くした。

蜀

〈武将〉

馬超《ばちょう》

曹操に真っ向勝負をいどみ大陸を震撼させた猛将

劉備
彼の名を聞いただけで
蜀の民は震え上がったぞ！

中国の西域にある涼州《りょう》出身の武将。西方の異民族との混血である**馬騰**《ばとう》の子で、羌族《きょう》との関わりが深い。

父の軍勢を受け継いだ**馬超**は、のちに**曹操**《そうそう》と対立。10万の兵を率い、曹操軍と関中《かんちゅう》・潼関《どうかん》で激突した。その際、**馬超**は**曹操**をあと一歩のところまで追いつめるが、3度におよぶ激戦のすえに敗れ、益州《えき》に落ちのび、**劉備**《りゅうび》を頼る。

馬超が**劉備**軍に降ったと聞いた**劉璋**《りゅうしょう》は恐れをなし、**劉備**に蜀《しょく》をゆずることを決めたという。

容姿

『三国志演義』では、獅子頭のかぶとに白銀の鎧姿で、人々から「錦馬超《きんばちょう》」と称されている。

字《あざな》／孟起《もうき》
生没年／
176〜222年

蜀

〈武将〉

魏延《ぎえん》

五虎将に劣らぬ武勇を誇るも野心の高さから自滅する

字《あざな》／文長《ぶんちょう》
生没年／
?〜234年

蜀

〈武将〉

黄《こう》忠《ちゅう》

武名高く、義に厚い壮士。魏の夏侯淵を討つ

字《あざな》／漢升《かんしょう》
生没年／?～220年

劉備
年寄りを甘く見てはいかんな

赤壁《せきへき》の戦いの直後、**劉備**が荊《けい》州南部を平定した際にその配下となる。益州攻めでは常に先駆けとなり、その勇猛さは軍中でも一番だった。

漢中《かんちゅう》・定軍山《ていぐんざん》の戦いでは、**法正**《ほうせい》の策にしたがって**曹操**軍の名将・**夏**《か》**侯淵**《こうえん》を撃破。のちに**関羽**《かんう》、**張飛**《ちょうひ》、**馬超**らと同格にまで出世した。『演義』では軍中最年長の将軍に描かれ、「老いてますます盛んな人物」の代名詞として後世に知られる。

黄忠が討ち取ったり

劉備
アクの強い男だがよく仕えてくれた

黄忠と同時期に**劉備**に仕え、蜀入りに随行。**劉備**が漢中を得て、成都《せいと》に戻る際に、**魏延**は漢中の太守に任命される。重鎮の**張飛**をさしおいての抜擢であったという。

劉備の死後は、軍中でも随一の猛将として**諸葛亮**《しょかつりょう》にも重用されるが、進言した作戦が採用されなかったことに不満を抱く。また、誇り高い性格のため、諸将には敬遠されていた。

諸葛亮の死後、同僚の**楊儀**《ようぎ》や**馬岱**《ばたい》らと争い、謀殺されてしまう。

特徴

☆地元の名士や豪族が多数
☆有能な司令官が軍を束ねた
☆自由闊達に、意見交換

呉《ご》が本拠地とした江南・江東の地には、土着の豪族出身の名士が多かった。そのため孫権《そんけん》らは、彼らをまとめ上げるのに苦心した。程普《ていふ》や黄蓋《こうがい》など、孫堅《そんけん》、孫策《そんさく》、孫権と3代にわたって仕えた武将も多い。

〈武将〉

太史慈《たいしじ》

孫策と激しく戦うが、降伏後、腕を見込まれ、孫策、孫権に仕える。

程普《ていふ》

孫家にもっとも古くから仕えていた。武勇だけでなく、学識も備えた将軍。

甘寧《かんねい》

侠客あがりで粗暴な性格。だが、義に厚い。兵士の教育も得意。

黄蓋《こうがい》

孫堅、孫策、孫権の3代にわたって仕えた忠臣（P73へ）。

呉《ご》夫人

孫堅《そんけん》

後漢末期の混乱の時代に、孫家の名を天下に広めた。

孫権《そんけん》

孫堅の次男で、呉の初代皇帝。50年も国のトップに。

孫策《そんさく》

孫堅の長男。数年で呉の基盤を築くが、26歳で死去。

兄妹

孫夫人

孫権の妹。劉備《りゅうび》に嫁ぐ（P78、185へ)。

信頼

幼馴染

〈幕僚〉

周瑜《しゅうゆ》

孫策、孫権を支えた名司令官。万能の人だが、30代半ばで病死。

対立

張昭《ちょうしょう》

保守派の重鎮。孫呉《そんご》のご意見番的存在。

推挙

魯粛《ろしゅく》

周瑜の次の司令官。劉備軍と同盟し、曹操と戦うよう進言。

諸葛謹《しょかつきん》

諸葛亮《しょかつりょう》の兄。孫権らから深く信頼された。

推挙

呂蒙《りょもう》

魯粛の次の司令官。劉備軍の関羽を討つ。

推挙

陸遜《りくそん》

呂蒙の次の司令官。晩年は孫権に疎まれる。

張紘《ちょうこう》

孫策の代から仕える。張昭と並び、「江東の二張」と称された。

呉

〈皇帝〉

孫《そん》権《けん》

人心を巧みにまとめ上げ 呉の安定政権をつくる

字《あざな》／仲謀《ちゅうぼう》

生没年／182～252年

二股が得意

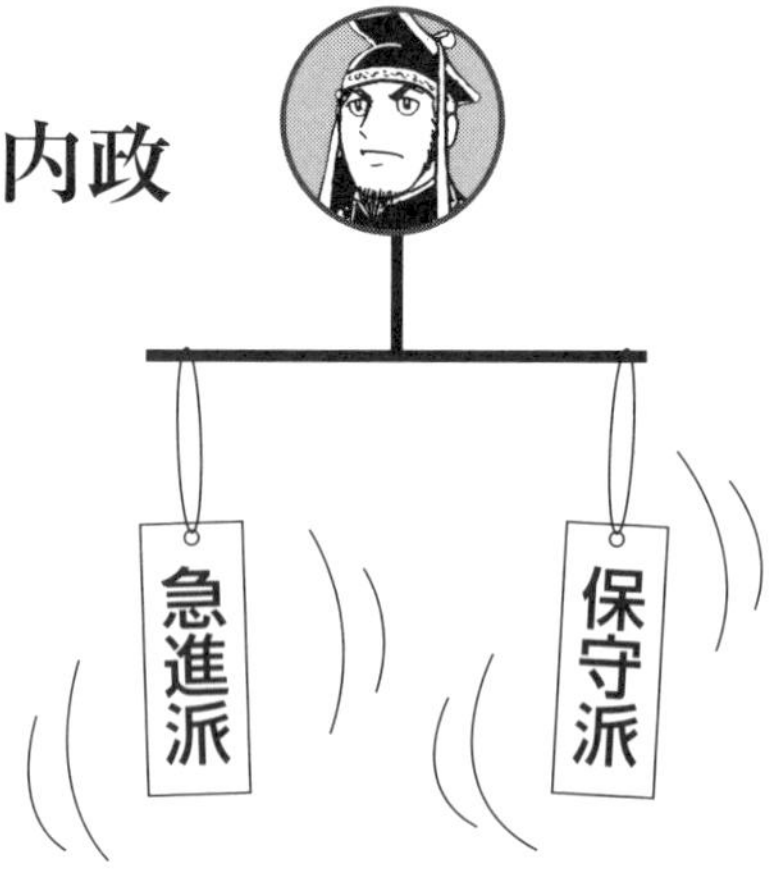
内政
急進派
保守派

保守派と急進派を上手に共存させる

保守派の臣下と、急進派の臣下の意見を、それぞれきちんと聞いたうえで、みずから判断をくだす。

外交
魏
蜀

三国のキャスティングボードを握る

大国の魏《ぎ》と、小国の蜀《しょく》。場合に応じて、どちらか一方と同盟してもう一方を攻撃するなど、抜群の外交バランスをもつ。

孫策
人を使い、土地を守る術は
私は弟に遠くおよばぬ

父**孫堅**《そんけん》と兄**孫策**《そんさく》をあいついで亡くし、19歳にして**孫**家の当主となる。父の代に武名を高め、兄の代に勢力を拡大した孫呉《そんご》は、彼らの死によってバラバラになりつつあった。

孫権は旧臣たちをまとめ上げる一方、新たに有能な人材登用も積極的に行ない、安定を図る。「赤壁《せきへき》の戦い」や「夷陵《いりょう》の戦い」では全権を**周瑜**《しゅうゆ》や**陸遜**《りくそん》に任せるなど、部下を常に信頼した。一方で「合肥《ごうひ》の戦い」をみずから指揮し、堂々た

心は決まった
開戦だ　まず
わが迷いから
斬る

容姿

背は高いが胴長短足。角張ったあごと大きな口に、赤毛のひげを生やしていたとされる。

る姿を戦場に見せたこともあった。

しかし、晩年は衰えを見せ、後継者争いによって**陸遜**などの有能な家臣を死に追いやり、家中を混乱させ、呉の衰退を招いてしまった。

「聡明、仁智、雄略の主」

221年、孫権は蜀に対抗するため、魏と同盟を結ぶ。そのとき魏へ派遣した使者が、「孫権はどんな主君か」と魏帝（曹丕《そうひ》）に聞かれ、こう答えた。

- **聡** 無官の魯粛《ろしゅく》をとりたてた点
- **明** 呂蒙《りょもう》を指揮官に抜擢した点
- **仁** 捕らえた魏の将軍を送還した点
- **智** 無血で荊《けい》州を手に入れた点
- **雄** 江東から天下を狙っている点
- **略** 陛下（曹丕）に身を屈して仕える点

〈諸侯〉

孫《そん》堅《けん》

野望に燃える江東の虎。孫家の名を天下に広める

漢《かん》王室に忠義を尽くした

191年、董卓《とうたく》を退けて洛《らく》陽《よう》に入った孫堅は、董卓によって荒らされていた代々の皇帝の陵墓を修復した。

死に際

劉表《りゅうひょう》との戦いで、孫堅がひとりで視察に出たとき敵軍に見つかり、射殺されてしまう。享年37。

孫権

父上は天性の戦略家。長生きしてほしかった

いにしえの兵法家・**孫武**《そんぶ》の子孫とされる。17歳のとき、略奪をはたらく海賊を、知恵をもって追い払い、その後、「黄巾《こうきん》の乱」鎮圧などで一躍名をあげる。

董卓《とうたく》軍との戦いでは、反**董卓**連合軍に入り、**曹操**《そうそう》以外の諸将がまともに戦わないなか、**孫堅**はほぼ単独で**董卓**軍とぶつかり、圧倒して洛陽《らくよう》まで進軍した。

しかし、その後の**劉表**《りゅうひょう》との戦いで落命。早すぎる死であった。

字《あざな》／文台《ぶんだい》

生没年／156～192年?

〈諸侯〉

孫《そん》策《さく》

“小覇王”。数年で孫呉の基盤を築く

字《あざな》／伯符《はくふ》
生没年／175～200年

周瑜

私とは兄弟も同然だった。刺客の手にかかるとは……

孫堅の子。父の死によって軍勢は散り散りとなり、**孫策**も一時は**袁**《えん》**術**《じゅつ》のもとに引き取られる。

やがて、**袁術**から父の軍を返してもらい独立し、東方へ勢力を伸ばす。**孫策**軍は、**周瑜**《しゅうゆ》、**張昭**《ちょうしょう》、**太史慈**《たいしじ》、**周泰**《しゅうたい》などの優秀な人材も得て急激に成長し、**曹操**との全面戦争も実現する勢いだった。

しかし、以前に滅ぼした許貢《きょこう》の残党に襲われて負傷。その傷がもとで死去。26歳だった。

「このわしに孫策のような息子がいれば死んでも心残りはない」

孫堅の死後、孫策を配下に置いていた袁術《えんじゅつ》が、よくこういったという。

容姿・人柄

気風がよく、冗談を好み、武勇にすぐれた好男子。あちこちで「孫《そん》郎《ろう》（孫家の若君）」と呼ばれ、みなに好かれた。

死に際

正史では……

数々の敵を滅ぼした孫策に、恨みを抱く者は少なくない。ひとりでいるところを襲われたとされている。

『三国志演義』では……

当時、万病を治すと敬われていた于《う》吉《きつ》仙人。孫策は、人心を惑わすとして彼を処刑。まもなく、その呪いによって死去する。

〈武将〉

周瑜《しゅうゆ》

主戦派の若き軍略家。曹操の野望に立ち向かう

「君主が臣下を選ぶばかりでなく、臣下も主君を選ぶ」

魯粛《ろしゅく》が誰に仕えようか迷っていたとき、後漢《ごかん》の名将馬援《ばえん》のこの言葉を引き合いに出して、孫権に仕えるようすすめた。

字《あざな》／公謹《こうきん》
生没年／175〜210年

孫権

兄のように思い頼りにしていたのに……

世に知られた名家の出身で、**孫策《そんさく》**とは幼い頃に知り合い、親交を深めていた。のちにその旗揚げにしたがう。

孫策《そんさく》の死後、**孫権《そんけん》**に忠誠を誓う。**孫権**の母**呉**夫人は「**周瑜**を兄と思うように」と**孫権**に説いたという。「赤壁《せきへき》の戦い」では**孫権**に全軍の指揮を任され、少数精鋭で**曹操《そうそう》**の大軍を撃退。さらに荊《けい》州南郡を奪取するが、矢傷がもとで病死。その死は孫呉の大きな痛手となった。

軍事面の中心人物

周瑜は策をめぐらす軍師ではなく、孫呉の大軍勢を率いる司令官であり、自ら最前線で戦う将軍でもある。その才能は曹操《そうそう》同様、オールマイティ。

戦略

「赤壁《せきへき》の戦い」の後は荊《けい》州、ついで益《えき》州を獲る計画。その障害となる劉備《りゅうび》は、倒すか孫呉の配下とすることを考えていた。

安心しなさい
曹操には
負けないよ

名家の貴公子

絶世の美女を妻にもつ

容姿端麗で、「周《しゅう》郎《ろう》（周家の若君）」と呼ばれる人気者だった周瑜。妻は、小喬《しょうきょう》という県で評判の美女（P185へ）。

敵軍からスカウトされるほどモテた

誰からも好かれ、「周瑜と話すと、芳醇な酒を飲んだように酔ってしまう」といわれる。曹操から誘われたことも。

音楽にも精通していた

音楽の才能もあり、演奏に間違いがあると、必ず気づいてそちらを振り返ったといわれる。

三国志note

小説では、諸《しょ》葛《かつ》亮《りょう》の引き立て役

周瑜は、『三国志演義』でも驚くべき智謀や計略を披露。しかし、諸葛亮にはすべてを見破られ、翻弄され続ける。

暗殺を企てるも果たせず、最後には諸葛亮から送られた挑発的な手紙を読み、憤死する。

天はなぜ
諸葛亮なぞ
生まれさせたのか

〈幕僚〉

張《ちょう》昭《しょう》

保守派のご意見番。政治を取り仕切った

字《あざな》／子布《しふ》
生没年／
156〜236年

孫権

よく叱られたぞ。頑固なじいさんだった

孫策《そんさく》の参謀として招かれた名士。その臨終の際には枕もとに呼ばれ、弟**孫権**《そんけん》の補佐を頼まれた。

厳格な性格で知られ、**孫権**は**張昭**と意見が対立することもしばしばで、叱責されて行動をただすこともあり、常に敬意をもって接した。

「赤壁《せきへき》の戦い」では降伏を主張して**周瑜**《しゅうゆ》と対立するなど、保守派の重鎮でもあった。

〈幕僚〉

魯《ろ》粛《しゅく》

「赤壁の戦い」の仕掛け人。大胆な献策をする

字《あざな》／子敬《しけい》
生没年／
172〜217年

孫権

曹操の侵略を防げたのは魯粛のおかげだ

若い頃に**周瑜**と出会い、自宅で所有する蔵をそっくり与え、軍資金を提供するなど、気前のよい人物として知られる。

戦略眼にも長け、**孫権**には荊州《けい》を得て**曹操**に対抗するすべを、いち早く進言。「赤壁の戦い」に際しては、**周瑜**とともに開戦を主張し、**劉備**《りゅうび》との同盟を実現させ、**孫権**軍を勝利に導いた。

ちなみに、『三国志演義』では、**諸葛亮**《しょかつりょう》と**周瑜**の間で翻弄される凡庸な人物に描かれている。**周瑜**の死後は、孫呉《そんご》の軍事を担う舵取り役として活躍。**劉備**軍と共同して**曹操**に対抗した。

張昭の評価

謙虚さが足りず、年も若い未熟者。まだ重用してはならないと、孫権にいった。

周瑜の評価

魯粛のような人物を採用すべきだと孫権に進言。自分の病状が悪化すると後任に推した。

呉

〈武将〉

呂《りょ》蒙《もう》

実戦＋学問で才能を開花させた

字《あざな》／子明《しめい》
生没年／
187〜219年

孫権
荊州を取り戻せたのは
呂蒙の働きがあればこそ

若くして**孫策**、ついで**孫権**に仕える。武勇にすぐれ、数々の戦いで手柄を立てるが、教養のなさを孫権に指摘されて一念発起。

猛勉強のすえに、儒学者にも勝るほどの知識を身につけて、**孫権**や**魯粛**を驚かせたという。

魯粛の死後、その座を引き継いだ**呂蒙**は、**劉備**軍の**関羽**《かんう》が守る荊州を狙い、**曹操**軍と協力して**関羽**を討ち、荊州を手に入れた。だが、まもなく病死する。

「呉下《ごか》の阿蒙《あもう》にあらず」

「士《し》、別れて三日、刮目《かつもく》してあい待つべし」

知識を身につけた呂蒙に、「もう、呉の蒙ちゃん（呉下の阿蒙）ではない」と魯粛が感心すると、「男は、3日も会わなければ成長します。よく相手を見なければなりません」と返した。

呉

〈武将〉

陸《りく》遜《そん》

名指揮官として蜀の猛攻を退けた

字《あざな》／伯言《はくげん》
生没年／
183〜245年

孫権の代になってから孫呉に仕え、異民族の討伐などで功績をあげている。**孫策**の娘を妻とした。

荊州争奪戦のときは、まだ無名だったが、**呂蒙**とともに**関羽**を破り、荊州を奪回した。

呂蒙の死後は、孫呉の軍事を一任され、攻めてきた蜀《しょく》軍を大いに破った（「夷陵《いりょう》の戦い」P104へ）。

晩年は、呉の後継者問題に巻き込まれて**孫権**に疎まれるようになり、心労から憤死した。

呉

〈武将〉

太史慈《たいしじ》

孫策と互角に打ち合い その腕を見込まれた

孫策

男と男の約束は必ず守る潔い奴だ

揚《よう》州刺史**劉繇**《りゅうよう》の配下だった**孫策**《そんさく》が攻めてきたとき、**太史慈**は偵察に出向いて、**孫策**と遭遇。このとき一騎打ちとなったが、力は互角で勝負がつかなかった。

のちに**孫策**に降った。その際、**太史慈**は「残兵を集める」といって一度去った。部下たちは彼が裏切るといったが、**太史慈**は**孫策**が信じた通り戻ってきたという。**孫権**《そんけん》にも重用されたが、206年に、惜しまれつつ病死してしまう。

容姿 身の丈は7尺7寸（約177cm）。腕が長く、弓を扱えば百発百中の名手だった。

孫策も強かった
だが、太史慈も
おとらぬ腕を見せた

字《あざな》／子義《しぎ》

生没年／166〜206年

〈武将〉

程《てい》普《ふ》

字《あざな》／徳謀《とくぼう》

生没年／?〜?

3代にわたり仕えた。武名高く学識も備える

父の代から活躍したベテランだ

孫堅《そんけん》をはじめ、**孫策**、**孫権**と3代に仕えた呉《ご》の重鎮。孫家にもっとも古くから仕えていたことで、人々に「程公」と呼ばれ、敬われた。

「赤壁《せきへき》の戦い」では、正都督の**周瑜**《しゅうゆ》と並ぶ副都督に任ぜられ、勝利に貢献している。

『演義』では、**孫堅**が洛陽《らくよう》で発見した玉璽《ぎょくじ》を鑑定するなど、学識をもち合わせた武将として存在感を示す。

〈武将〉

甘《かん》寧《ねい》

遊侠出身で鋭い戦略眼をもつ

字《あざな》／興覇《こうは》

生没年／?〜?

性格は荒っぽいが数々の武功を立てた

若い頃から多くの部下をしたがえ、侠客として暴れまわる。一方で、**孫権**には荊《けい》州、益《えき》州を獲り、**曹操**《そうそう》に対抗する「天下二分の計」を提言するなど、独自の戦略眼ももっていた。

曹操軍との合肥《ごうひ》・濡須口《じゅしゅこう》をめぐる戦いで、**張遼**《ちょうりょう》の猛攻を受けたときは必死に防戦、**孫権**の命を救った。その後、**甘寧**は百名ほどの選抜隊を組み、**曹操**の陣営に夜襲をかけて大混乱に陥れるなど、反撃に成功している。

「曹操に張遼あらばわしには甘寧がある」

右に紹介した合肥・濡須口での戦い(215年）で、見事に夜襲を成功させた甘寧を、孫権がこうたたえた。

〈皇帝〉

献帝《けんてい》

後漢のラストエンペラー

劉備

董卓《とうたく》や曹操《そうそう》の手から救い出したかったが……

本名を**劉協**《りゅうきょう》という。幼い頃に父の**霊帝**《れいてい》が死去し、兄の**劉弁**《りゅうべん》が帝位についたため、劉協は**陳留王**《ちんりゅうおう》となった。

董卓が洛陽《らくよう》に乗り込んでくると、廃位された**劉弁**に代わって帝位につく。その後、**曹操**によって許都《きょと》に迎えられ、その勢力拡大の道具（傀儡《かいらい》）とされる。

曹操の死後、魏《ぎ》王を継いだ**曹丕**《そうひ》から禅譲を迫られ、帝位をゆずる。

前・後400年続いた大漢帝国の末代皇帝となった。

董卓《とうたく》の死後、帝は長安《ちょうあん》から洛陽《らくよう》へ脱出。皇帝の権威を手に入れようとする者たちから逃れる辛い旅だった。

な　なんと
いうことじゃ
ほんとうにこの国を
憂えてくれる
真の勇者は
もはやおらぬのか

姓名／劉協《りゅうきょう》
字《あざな》／伯和《はくわ》
生没年／
181〜234年

董

〈諸侯〉

董卓《とうたく》

後漢の都に君臨し 破壊と殺戮で乱世の幕を開く

曹操

精強な軍勢を率いたが用心棒に裏切られた

中国大陸の西域に位置する涼《りょう》州の出身。「黄巾《こうきん》の乱」の際、中央政界と関わるようになり、その後、朝廷の混乱に乗じて洛陽に入る。**献帝**を帝位につかせ、思うまま操って恐怖政治を敷いた。

やがて反対勢力の猛攻にあうと、洛陽を焼き払って長安《ちょうあん》に都を移し、ここでも暴政を敷き、逆らう者はことごとく残酷な方法で処刑した。

だが、反**董卓**派の**王允**《おういん》と腹心の**呂**《りょ》**布**《ふ》により暗殺され、ついに倒れた。

人柄

若い頃は羌《きょう》族という異民族に慕われたり、もらった恩賞をすべて部下に与えるなど、親分肌の人物としても知られた。

武勇

生まれつき力が強く、馬を走らせながら、左右に向けて弓矢を放つことができるほどの腕前を誇った。

はっははは 死ね 死ね 両軍とも 滅びるがいい
つぎはわしの 天下じゃ

字《あざな》／仲穎《ちゅうえい》
生没年／
?～192年

〈諸侯〉

袁紹《えんしょう》

曹操前半生のライバル。河北一帯に大勢力を築く

官渡で負けていたら天下は袁紹のものだった

当時を代表する名家の出身。**董卓**《とうたく》が都を制すると、冀《き》州を拠点に、反**董卓**連合の盟主に就任する。

董卓の死後、北方の**公孫瓚**《こうそんさん》を破り、青《せい》州や并《へい》州を勢力下に収め、河北に大勢力を築き上げる。

やがて、河南を制圧した**曹操**《そうそう》との全面戦争に突入（官渡《かんと》の戦い）。有利に戦いを進めたが、戦上手の**曹操**軍に惨敗。**袁紹**は心労のあまり、2年後に病死。残った息子たちも、**曹操**の手で滅ぼされた。

天下目前の英雄

当代一の国力を誇る
河北４州を制圧。
肥沃な土地に恵まれ、多数の兵を養っていた。その兵力は曹操の10倍にもおよんだという。

人材は豊かだが、進言を聞かない
沮授《そじゅ》などの参謀や、顔良《がんりょう》・文醜《ぶんしゅう》などの猛将をしたがえ、人材も豊富だったが、戦いでは部下の進言にほとんど耳を貸さなかった。

名門出身の超エリート
袁家は、名門中の名門として知られ、存命中は周囲に大変強い影響力をもっていたが、徐々に人望を失い、部下に裏切られる。

有能だが、優柔不断だった？
政治力・軍事力ともすぐれ、豊かな国をつくったが、ここ一番で決断力に欠け、曹操を倒す機会を、すべて逸した。

字《あざな》／本初《ほんしょ》
生没年／?～202年

「河北に来るならば
あとのことは
面倒見てやろう」
それが袁紹の
返事であった
袁紹
袁術

『三国志演義』では、進退窮まった袁術が、助けてもらう代わりに帝位を与えると、袁紹に書き送った。

袁

〈諸侯〉

袁《えん》術《じゅつ》

皇帝を自称し人望を失う

字《あざな》／公路《こうろ》

生没年／?〜199年

曹操

名声も地位も財もあるが実力が伴わなかったな

袁紹のいとこで、同じく名門**袁**家の出身だが、仲はよくなかった。

一時は**袁紹**と肩を並べる大勢力を築き、**孫堅**《そんけん》や**孫策**《そんさく》も正式には**袁術**の配下として活動していたほど。

やがて、**袁術**は寿春《じゅしゅん》を都として、勝手に皇帝に即位。民には重税を課し、兵士や領民は大いに苦しんだ。

この、漢《かん》王朝や民をないがしろにした行為に諸侯は反発し、**孫策**《そんさく》をはじめ多くの味方や部下が離反した。その後、**曹操**との戦いに敗れ、**袁紹**を頼ろうとして逃亡中に病死する。

〈武将〉

呂《りょ》布《ふ》

三国志最強の武将。戦と裏切りの人生だった

「呂布は狼のようなもの。長い間、飼うのは難しい」

呂布を配下にするのをあきらめた曹操《そうそう》の言葉。その通り、呂布は人の下につくような人物ではなかった。

字《あざな》／奉先《ほうせん》
生没年／?〜198年

曹操

本能のまま生きたがあの武勇は惜しかった

現在のモンゴルに近い地方の出身。はるか遠くに立てた矛の先に矢を射当てるほどの神業を見せ、赤兎馬を駆って精強な騎兵軍団を率いたことで、「飛将」とあだ名された。『三国志演義』では**関**《かん》**羽**《う》、**張飛**《ちょうひ》、**劉備**《りゅうび》が3人がかりで挑んでも倒せないほどの武勇を誇った。知略や節度に欠ける性格でも有名。**董卓**《とうたく》を殺した後に独立し、**曹操**《そうそう》と4年にもおよぶ戦いを繰り広げ、大いに手こずらせるが、最後は策に敗れて追い込まれ、ついに討伐された。

ふたりの養父を殺害

丁原《ていげん》

最初の父代わり。近衛騎兵隊長として異動になった丁原にしたがって都近くへ。そこで、董卓《とうたく》と手を結んだ呂布《りょふ》は、丁原を殺害。

↓

董卓

丁原を殺した後、董卓と親子の契りを結び、信頼された。だが、朝廷の者にそそのかされた呂布は、董卓をも殺害する。

↓

董卓軍の残党に攻撃を受け、逃亡の人生へ（P42）。

「人中に呂布あり
馬中に赤兎あり」

赤《せき》兎《と》馬《ば》

炎のような赤い体毛。一日千里を走る

張飛

オレも一度は乗りたかったぜ

生没年／
?〜?

呂布の愛馬。正史にその名が残るほどの駿馬。最強の武勇を誇った**呂布**と合わせ「人中に**呂布**あり、馬中に赤兎あり」と、当時の人々がたたえた。

『演義』では、もとは**董卓**の愛馬で、**呂布**を引き入れるときに褒美として使われ、**呂布**の死後、**曹操**が手に入れた。しかし気性が荒く、誰も乗りこなせなかったため、**関羽**に贈られ、以後**関羽**の愛馬となった。

〈医師〉

華佗《かた》

天下の名医。鍼治療から外科手術まで

いろいろな治療法

脈診、望診
脈や顔色から病気を言い当てた。

鍼灸
鍼を使って不調や病気を治した。

薬
数種類の生薬を調合して煎じ、病気を治癒した。

外科手術
麻酔薬を飲ませ、切開手術によって患部を治療した。

麻酔薬「麻沸散《まふつさん》」とは？
この薬を飲むと患者は死んだように眠ったという。現在の全身麻酔のようなものかもしれない。

曹操
医者なんて、腐るほどいると思ったが……

当代一の名医として知られる。煎じ薬、鍼灸、麻酔を使った手術など、総合的な診断と治療が行なわれていたようだ。

『三国志演義』では、**関羽**《かんう》など多数の登場人物を治療している。

晩年は、**曹操**《そうそう》に脳の外科手術をすすめて不興を買い、獄死させられたことになっている。しかし実際は、郷里へ引き上げたまま、**曹操**の出仕要請を無視したために、殺されたという。

字《あざな》／元化《げんか》
生没年／?～?年

〈道士〉

于《う》吉《きつ》

民を惑わすとして孫策に殺された

字《あざな》／?
生没年／
?～200年

民衆から人気がありすぎて許せん

当時、人々の病を治療し、呉《ご》の民衆の信仰を集めていたのが、道士の**于吉**であった。

兵士や、**孫策**《そんさく》の母までが、**于吉**を崇めていることを苦々しく思った**孫策**は、「日照りで雨が降らず困っている。おまえの術で雨を降らせてみろ。できなければ殺す」と命じる。

すると、にわかに雲が垂れ込め大雨に。人々は**于吉**をたたえたが、結局**孫策**が殺してしまう。『三国志演義』ではその後、**孫策**は**于吉**の幻に悩まされてノイローゼになり、死去する。

〈道士〉

左《さ》慈《じ》

道術で曹操を翻弄する

字《あざな》／元放《げんほう》
生没年／
?～?年

あやつの妖術は気味が悪かった

『三国志演義』で、荒唐無稽なエピソードを披露しているのが、道士の**左慈**。**曹操**を訪れた**左慈**は、次々と術をあやつり、彼を翻弄する。**劉備**《りゅうび》の回し者とされ、7日間牢屋に入れられたときは、「水一滴与えられなかったが、まったく平気で前より血色がいい」。宴会では「手品のように花や魚を出現させた」。逃げた**左慈**を捕らえようとすると「市内が**左慈**であふれた」など、きりがない。

『正史』では、房中術《ぼうちゅうじゅつ》（性生活の技法）に通じた人物として紹介されている。

卞《べん》氏

卑しい身分から皇帝の母へ

曹操《そうそう》が旗揚げ以前に、妾として招いた。身分は低く、もとは歌妓であったが、賢い女性。

丁《てい》氏が曹操と離縁したため、曹操の第一夫人となり曹丕《そうひ》らを産んだ。

丁《てい》氏

愛息を死なせた曹操を見放す

卞氏より前に曹操の妻となる。先に亡くなった劉《りゅう》夫人の子曹昂《そうこう》（曹操の長男）を養子として可愛がったが、曹昂が曹操の身代わりとなって戦死すると、曹操のもとを離れ実家へ帰った。

甄《しん》氏

曹家を虜にした？絶世の美女

もとは袁紹《えんしょう》の次男袁熙《えんき》の妻。曹操軍が袁家の本拠地を落としたとき、曹丕が妻とした。

実は曹操も甄氏を狙っていたとか、横恋慕した曹植《そうしょく》が甄氏の詩を作ったなどの伝説がある。のちに曹丕によって自害させられた。

三国志note

女性の名前はない？

歴史上、女性の名が記録に残ることは、きわめて少ない。記録されているのは、「卞氏」とか「呉氏」といった、出身の家（父親）の姓に「氏」をつけたもの。

嫁ぐと、「○夫人」や「○皇后」とも呼ばれることになる。

〈女性〉

甘《かん》氏 糜《び》氏

幸薄い劉備の夫人たち

甘氏は**劉禅**《りゅうぜん》の母。子とともに長阪《ちょうはん》で**趙雲**《ちょううん》に救われたが、まもなく亡くなる。**糜氏**は、**劉備**の重臣**糜**《び》**竺**《じく》の妹。『演義』では「長阪の戦い」で負傷、井戸に身を投げて死ぬ。

孫《そん》夫人（孫氏）

呉と蜀の同盟の証とされた

京劇などでは「孫尚香」と呼ばれることも。**孫権**《そんけん》の妹。赤壁《せきへき》の戦いの後、政略結婚で**劉備**に嫁ぐ。寝所にも武装した近侍の女性をしたがえていた。**劉備**が蜀《しょく》を得ると、呉へ帰された。

〈女性〉

大《だい》喬《きょう》 小《しょう》喬《きょう》

曹操が狙った？江東の美人姉妹

『演義』では「二喬《にきょう》」と呼ばれる呉で評判の美人姉妹。姉は**孫策**《そんさく》に、妹は**周瑜**《しゅうゆ》に嫁いだため、**孫策**と**周瑜**は義兄弟となる。**曹操**は姉妹を得るため呉を攻めたとされ、**周瑜**が「赤壁の戦い」に応じるきっかけとなる。

呉《ご》夫人（呉氏）

孫策、孫権を産んだ孫呉の母

美人で聡明と名高い。**孫**《そん》**堅**《けん》に嫁ぎ、**孫策**、**孫権**ら四男一女を産む。**孫策**がミスを犯した部下を殺そうとしたとき、人心の低下を心配して命がけでいさめた。

本、映像、ゲームでもっと楽しむ

『三国志』

吉川英治/講談社/¥798

三国志ブームの火付け役となった作品。100年の壮大な物語。吉川英治歴史時代文庫全8巻。

『三国志演義』

羅貫中/徳間文庫/¥1,080

14世紀末に生まれた三国志を物語化した最初の作品。中国四大奇書のひとつ。全4巻。

COMIC
<マンガ>

『NHK その時歴史が動いた（コミック版）三国志編』

小川おさむ・画、NHK取材班・編/ホーム社/¥720

NHKの番組で放送された内容を再編集し、コミック化した作品。書きおろし。

『極厚 蒼天航路』

王欣太・李學仁/講談社/¥1,200

曹操を主役にした作品。全12巻。

GAME
<ゲーム>

「中原の覇者 ー三国将星伝ー」

バンダイナムコゲームス

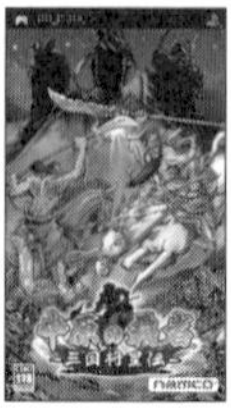

約400人の武将を動かして天下統一をめざすシミュレーションゲーム。©NBGI

「三國志DS 2」

コーエー

DSに対応した定番の歴史シミュレーション。三国時代の君主となり中国統一をめざす。

「真・三國無双5 Special」

コーエー

全世界で約1200万本を出荷。大勢の敵をなぎ倒していく、爽快なアクションが魅力。

BOOK
<小説・写真集>

『諸葛孔明』
陳舜臣/中公文庫/
上巻¥760、下巻¥740

希代の軍師としてたたえられた諸葛亮の人生を描いた作品。諸葛亮の内面に迫る。

『三国志』
宮城谷昌光/文藝春秋/¥1,700

曹操の祖父の時代から物語が始まる。「文藝春秋」で連載中。第8巻まで刊行。

『激突!三国志武将かるた』
加来耕三・文/ポプラ社/¥1,050

三国志の世界をかるたにしたもの。かるたとしてだけではなく、カードバトルも楽しめる。

『カラー版 写真紀行 三国志の風景』
小松健一/岩波新書/¥1,155

中国大陸の雄大な風景の写真がエッセイとともに楽しめる、カラー版写真集。

DVD
<映像>

「三國志 完全版」
コニービデオ

1990～94年に中国電視台が制作。日本の大河ドラマ的存在。全14巻。

「NHK DVD 人形劇 三国志」
ショウゲート/アミューズソフトエンタテインメント

上は全集 一。1982年からTV放送。人形劇作家川本喜八郎。全17巻。

「三国志 諸葛孔明」
シネマルネサンス

1985年、中国湖北電視台制作。魅力的な諸葛亮を描く。全3巻。

英雄ゆかりの地に思いをはせる

曹操《そうそう》ゆかりのスポット
官《かん》渡《と》古戦場

200年に曹操と袁紹《えんしょう》が天下分け目の決戦を繰り広げた「官渡の戦い」の戦場跡。古戦場の看板、曹操の像、官渡寺などが周辺にある。河南省鄭州《ていしゅう》市中牟《ちゅうぼう》県。

小山の上に曹操の像がある。

劉備《りゅうび》ゆかりのスポット
甘露寺

劉備が、孫権の妹である孫夫人と政略結婚をした場所が江蘇《こうそ》省鎮江《ちんこう》市にある北固山《ほくこざん》の甘露寺。ふたりのお見合いの場面を見ることができる。

諸葛亮《しょかつりょう》ゆかりのスポット

五丈原《ごじょうげん》

陝西省《せんせいしょう》宝鶏市《ほうけいし》に広がる平野で、諸葛亮が没した地。諸葛亮の廟が建てられており、出師《すいし》の表《ひょう》が彫られた石碑や、蜀《しょく》の武将たちの塑像がある。

Ⓒ英傑群像

関羽《かんう》ゆかりのスポット

関林（関帝廟）

河南省洛陽《らくよう》にある関帝廟。1596年創建。境内には関羽の首塚が残る。関羽を祀る関帝廟は各地にあるが、ここは四大関帝廟のひとつ。

日本国内でも

山口県光市

石城の里 三国志城

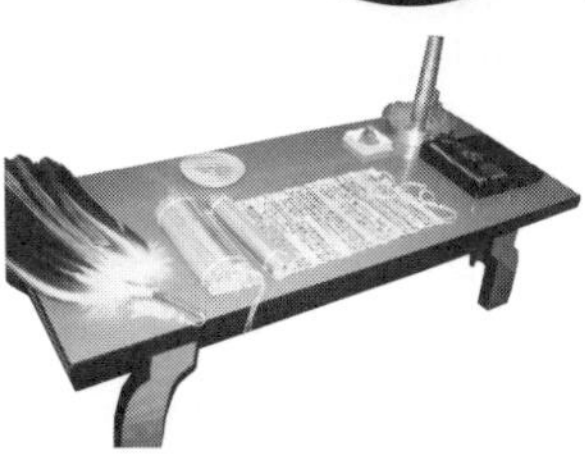

日本初となる三国志モノの常設展示場。出土品を参考にしたジオラマなど約180点が展示された。2015年に閉館。

■写真提供・取材協力

石城の里 三国志城　2015年閉館
上永哲矢　(http://kakutei.cside.com/job/index.htm)
岡本伸也　(英傑群像　http://www.chugen.net/)

■参考資料　ありがとうございます

『三国志』北方謙三(角川春樹事務所)
『三国志』宮城谷昌光(文藝春秋)
『三国志』一～八　吉川英治(講談社)
「三国志 英雄たちの100年戦争」瀬戸龍哉編(成美堂出版)
『三国志演義』井波律子(岩波書店)
『三国志演義〈改訂新版〉』1～4　羅貫中、立間祥介訳(徳間書店)
『三国志演義のウソとタブー』別冊宝島編集部編(宝島社)
『三国志が面白いほどわかる本』三宅崇広(中経出版)
『三国志きらめく群像』高島俊男(筑摩書房)
『「三国志」軍使34選』渡邉義浩(PHP)
『三国志群雄173人 採点データファイル』新人物往来社編(新人物往来社)
『三国志 人物鑑定事典』渡辺精一(学習研究社)
『「三国志」大百科』横山光輝(潮出版)
『三国志談義』安野光雅、半藤一利(平凡社)
『三国志の世界』金文京(講談社)
『真・三國志』太田雅男(学習研究社)
『諸葛孔明』立間祥介(岩波書店)
『眞説 三國志』坂口和澄(小学館)
『新版 三国志新聞』三国志新聞編纂委員会編(日本文芸社)
『図解 三国志 群雄勢力マップ』佐藤孔建(インフォレスト株式会社)
『正史 三国志』1～8　陳寿、井波律子訳(筑摩書房)
『正史 三国志英傑伝』I～IV　陳寿、裴松之注『中国の思想』刊行委員会編訳(徳間書店)
『早わかり三国志』原遙平(日本実業出版社)
「別冊宝島 三国志 最強決定読本」(宝島社)
『僕たちの好きな三国志』(宝島社)
『横山光輝三国志おもしろゼミナール』横山光輝(潮出版)
『よみがえる三国志伝説』(宝島社)
『レッドクリフ公式ビジュアルBOOK』『1週間』編集部編(講談社)
『レッドクリフ PartII 公式ビジュアルBOOK』『1週間』編集部編(講談社)

立間祥介（たつま　しょうすけ）

中国文学者。1928年東京都生まれ。慶応義塾大学名誉教授。訳書の羅貫中『三国志演義』は、1982年から放送されたNHK人形劇『三国志』の原作となる。著・訳書に羅貫中『三国志演義』（平凡社・徳間文庫）、『諸葛孔明―三国志の英雄たち』（岩波新書）、『三国志事典』（岩波ジュニア新書・共著）、蒲松齢『聊斎志異』（岩波文庫）、沈伯俊、譚良嘯『三国志演義大事典』（潮出版社・共著）などがある。

横山光輝（よこやま　みつてる）

漫画家。1934年兵庫県生まれ。1955年に『音無しの剣』でデビュー。『鉄人28号』『伊賀の影丸』『魔法使いサリー』『水滸伝』『バビル2世』など、ジャンルを問わず多数の作品を手がける。2004年没。

装幀　石川直美（カメガイ デザイン オフィス）
装画・本文漫画　『三国志』（©光プロダクション、潮出版社）より
本文イラスト　押切令子
本文デザイン　バラスタジオ（高橋秀明）
校正　滄流社
編集協力　上永哲矢
オフィス201（高野恵子）
編集　鈴木恵美（幻冬舎）

知識ゼロからの三国志入門

2009年10月25日　第1刷発行
2021年5月31日　第3刷発行

著　者　立間祥介　横山光輝
発行人　見城　徹
編集人　福島広司

発行所　株式会社 幻冬舎
〒151-0051　東京都渋谷区千駄ヶ谷4-9-7
電話　03-5411-6211（編集）　03-5411-6222（営業）
振替　00120-8-767643
印刷・製本所　株式会社 光邦

検印廃止

ISBN978-4-344-90169-8 C2095
Printed in Japan
幻冬舎ホームページアドレス　http://www.gentosha.co.jp/
この本に関するご意見・ご感想をメールでお寄せいただく場合は、comment@gentosha.co.jpまで。